犯罪心理全档案

第二季

凝视深渊 著

U0450619

台海出版社

图书在版编目（CIP）数据

犯罪心理全档案 . 第二季 / 凝视深渊著 . -- 北京：台海出版社，2019.6
ISBN 978-7-5168-2320-0

Ⅰ. ①犯… Ⅱ. ①凝… Ⅲ. ①犯罪心理学—普及读物 Ⅳ. ① D917.2-49

中国版本图书馆 CIP 数据核字（2019）第 065651 号

犯罪心理全档案・第二季

著　　者：凝视深渊

责任编辑：王慧敏　赵旭雯
责任印制：蔡　旭

出版发行：台海出版社
地　　址：北京市东城区景山东街 20 号　邮政编码：100009
电　　话：010 — 64041652（发行，邮购）
传　　真：010 — 84045799（总编室）
网　　址：www.taimeng.org.cn/thcbs/default.htm
电子邮箱：thcbs@126.com

经　　销：全国各地新华书店
印　　刷：天津旭非印刷有限公司
本书如有破损、缺页、装订错误，请与本社联系调换

开　　本：710 毫米 ×1000 毫米　1/16
字　　数：198 千字　　　　　　印　　张：14.5
版　　次：2019 年 6 月第 1 版　 印　　次：2020 年 1 月第 1 次印刷
书　　号：ISBN 978-7-5168-2320-0

定　　价：49.80 元

版权所有　侵权必究

前　言

　　犯罪是人类社会自古以来就存在的顽疾。人类社会的发展与进步就是一部与犯罪行为做斗争的历史。探索罪犯的内心世界，了解他们为何会实施形形色色的犯罪行为，是一个令人着迷的领域。在这个领域中，最有挑战性也最吸引人的是对凶杀案，尤其是连环杀手犯罪心理的研究。在各种各样的罪犯中，连环杀手无疑是最疯狂、最残忍，也最令人费解的异类。他们无法控制自己的杀戮欲望，只有杀人才能平息他们内心的躁动不安，他们就像干渴的人渴望水一样渴望鲜血。所以，期望他们能够主动放下手中的屠刀是不现实的，连环杀手要么自杀，要么被捕，否则，他们就会一直寻找和屠杀"猎物"。

　　连环杀手的内心世界是最为阴暗、扭曲的。他们性侵、虐待、肢解被害人，甚至有以人为食的欲望。如此变态的精神世界是如何形成的呢？他们是天生的罪犯，有着一颗与常人不同的大脑？或者他们有着特殊的人生经历，尤其是童年时生活在贫穷、混乱、暴力的环境中？或者他们曾受到过常人无法想象的痛苦和伤害，导致一个普通人变成了恶魔？每个连环杀手都有自己的故事，他的罪行不过是漫长的成长之路上结出的罪恶果实。

　　了解连环杀手，最好的办法就是读懂他们的故事。这不仅仅是为了猎奇，更是为了了解错综复杂的人性，了解我们自己。人性是神性与兽性的结合体，在我们每个人的内心世界中都潜伏着一头怪兽，当它被某种微妙的因素唤醒时，我们也可能成为罪犯，甚至是罪犯中最恐怖的连环杀手。所以，我们需要在开阔视野的基础上自我修炼和完善，让自己的人生道路始终沿着正确的方向延伸，获得每个人都渴望的人生幸福。

这套《犯罪心理全档案》是作者长期关注连环杀手犯罪，多年收集、整理材料，解析连环杀手犯罪心理的成果。在此之前，作者已经创作和出版多部犯罪心理著作。作为作者的集大成之作，相信《犯罪心理全档案》会给读者带来崭新的阅读体验和启迪。

目　录

让血液喷涌而出——彼得·库尔滕　　　　　　　　　　／001

浴室墙壁上的古怪留言——威廉·乔治·海伦斯　　　　／009

现实版的"农夫与蛇"——卡尔·阿尔弗雷德·埃德　　／021

面孔上触目惊心的疤痕——艾瑞克·埃德加·库克　　　／031

太平间里被割掉胸部的女尸——彼得·杜帕斯　　　　　／039

将法庭当成作秀的舞台——查尔斯·曼森　　　　　　　／047

师从著名导演的杀手——罗德尼·阿尔卡拉　　　　　　／059

打着石膏诱杀年轻女人——泰德·邦迪　　　　　　　　／069

挟持警察做人质——保罗·约翰·诺尔斯　　　　　　　／085

赖在精神病院不想离开——皮特·威廉·撒特克里夫　　／091

警察帮凶手收集尸体——加里·里奇韦　　　　　　　　　／ 103

专找美女的变态摄影师——克里斯多佛·怀尔德　　　　／ 115

连续夭亡的婴儿——玛丽贝斯·泰宁　　　　　　　　　／ 125

坚称自己无辜的罪犯——加里·迈克尔·海德尼克　　　／ 131

以笑脸为签名的杀手——吉斯·杰普森　　　　　　　　／ 139

城市丛林中的野兽——吉·乔治　　　　　　　　　　　／ 149

闹着要做变性手术的杀手——保罗·查尔斯·德尼尔　　／ 155

跨世纪的漫长审判——马克·迪特鲁　　　　　　　　　／ 169

河中频现的尸体——罗纳德·约瑟夫·多米尼克　　　　／ 175

扒火车流窜作案的铁路杀手——马图里纳·雷森迪兹　　／ 181

甘蔗园里被焚毁的女尸——西甫·拓拉 / 189

无名小镇变身旅游热门——约翰·邦廷 / 199

藏匿在盆栽中的尸体——布鲁斯·麦克阿瑟 / 211

被迫成为业余侦探的妓女——长岛杀手 / 217

Criminal Psychology

让血液喷涌而出——

彼得·库尔滕

1913年5月25日，德国科隆市发生了一起惨案，一家小饭馆老板十来岁的女儿惨遭杀害，小女孩的喉咙被人割断，血喷得到处都是，此外她的舌头也被人咬烂了。这起案件由于作案手段残忍在当地引起了轰动，死者被发现时尸体呈现出铁青色，很少有人死后会成为这个样子，好像全身的血液都流干了，成了干尸一般。警方很快就对该案展开了调查，由于线索有限，警方锁定了一个嫌疑人，后来证明这名嫌疑人是无辜的。

1929年2月9日，杜塞尔多夫有人在树篱下发现了一具惨不忍睹的尸体，死者是一名8岁的女孩，身中13刀，有被焚烧过的痕迹。在6天前，杜塞尔多夫一名女性遇袭，她被袭击者刺了24刀。幸运的是，袭击者似乎并没打算取走她的性命，很快就逃走了。

2月14日，一名45岁的技工在下班回家的路上遇刺身亡。第二天，技工的尸体被人发现，他的身上和头上一共被刺了20余刀。这起案件让警方十分意外，因为死者是名男性，警方以为凶手只会找女人下手。

很快，警方抓住了一个嫌疑人，这是个智障的男人。在一系列巧合下，男子承认了所有的罪行，最终他被送到了精神病院。但新的谋杀案的出现，让警方意识到真正的凶手依旧逍遥法外。接连发生的命案，让杜塞尔多夫陷入了前所未有的恐慌中，传言有个吸血鬼出现在了杜塞尔多夫。

1930年5月24日，杜塞尔多夫警察局走进一个女子，她说自己叫舒尔特，是彼得·库尔滕的妻子，她要揭发丈夫所犯的罪行，她说库尔滕就是传说中的杜塞尔多夫吸血鬼，杀死了许多人。

很快，警方就出动了，将库尔滕抓捕。面对抓他的警察，库尔滕表现得十分镇定，没有丝毫反抗，好像专门等着警察来抓他一样，随后他开始交代自己所犯下的罪行。

库尔滕表示他第一次杀人完全是个意外，那个时候他刚从监狱里出来，为了生活就干起了偷窃的勾当，专门潜入一些酒吧和小饭馆偷东西。在1913年5月25日的夜晚，库尔滕潜入了一家小饭馆，结果什么值钱的东西都没找到。就当他准备离开的时候，突然看到床上躺着一个十来岁的小女孩，当时小女孩正在酣睡。不知怎么想的，库尔滕走到床边，伸出手掐住了她的脖子。感到窒息的小女孩很快醒了过来，开始不停地挣扎，库尔滕加大了力气，小女孩直接晕了过去。看到小女孩不再动弹，库尔滕拿出一把小刀，割断了小女孩的喉咙，看着喷涌而出的血液，库尔滕觉得很兴奋。

后来库尔滕因抢劫罪入狱，直到1921年才被放了出来。出狱后，库尔滕和一个名叫舒尔特的妓女结婚了。虽然舒尔特是个妓女，但库尔滕却十分尊重她，他觉得妻子是个坚强的女人。婚后不久，库尔滕就进入一家工厂工作，并且很受欢迎。

1925年，库尔滕回到了家乡杜塞尔多夫。他突然有了杀人的冲动，他喜欢看着血液喷涌而出的样子，这让他十分兴奋。库尔滕先袭击了一名女性，在她的身上刺了许多刀。后来库尔滕杀死了一名8岁的小女孩，他捅了小女孩很多刀，然后往她身上浇汽油。看着火苗从她身上蹿起来的那一刻，库尔滕十分兴奋。此外，库尔滕还交代，他每次杀完人都会出现在围观群众中，重返案发现场会让他找到新的刺激感。

如果不是库尔滕主动交代罪行，警方根本无法想象这些凶杀案的凶手只有一个，因为被害人有男人、女人，还有孩子，而且作案手段也不一致。与许多连环杀手不同，库尔滕不会对特定目标下手，他只想杀死任何能见到的生物，除了人外，动物也行。随着杀的人越来越多，库尔滕开始对杀人上瘾，他已经失去了控制，杀人的手段越来越残忍，他已经疯了。

最终，库尔滕被判处死刑，他将会被砍头。在行刑那天，执法者在砍下库尔滕的头颅前问他是否有什么遗言，库尔滕说："你能告诉我，在我头颅被砍下的那一瞬间，我能听到血液从脖子中喷涌而出的声音吗？如果能的话，那就太好了，这样临死前我也能感受到兴奋和快乐了。"

库尔滕成长于一个暴力、乱伦的家庭中，他的父亲是个十分暴躁的人，总会虐待8个孩子。9岁时，库尔滕认识了一个捕狗人，此人是个虐待狂，总会变着法虐待狗。

之后，库尔滕杀死了两名同校男孩，当时他正和两名同伴在莱茵河边玩耍，库尔滕突然想淹死一个男孩，于是他就将男孩摁到水里，另一个男孩看到后想去救，结果也被库尔滕溺死在河里。

长大后，库尔滕因盗窃罪和纵火罪被关进了监狱。这些罪行在刑法中算是较轻的，但库尔滕却因此被关了24年。库尔滕觉得自己受到了不公正的待遇，因此对社会充满了仇恨。后来，库尔滕渐渐适应了监狱里没有自由的生活，他总是利用大把的闲暇时间幻想一些十分血腥的虐待场景。获得自由后，库尔滕将幻想变成了现实，并且乐此不疲。

作为库尔滕的妻子，舒尔特对丈夫所犯下的罪行毫无所知。在她心中，库尔滕对她来说很重要，是个负责的人。后来库尔滕担心自己会因强奸罪被判入狱，就将自己的罪行向舒尔特全盘托出，他希望舒尔特去警察局检举自己，这样舒尔特就能获得高额的赏金。

舒尔特听后十分伤心，她不愿去警察局告发库尔滕，就劝库尔滕和她一起自杀。库尔滕不同意，他对舒尔特说告发自己并不是背叛，只是为了伸张正义。最终舒尔特被说动了，她同意去警察局报案，但库尔滕得保证不能自杀。舒尔特离开后，库尔滕回到家中倒头大睡，直到警察将他吵醒。

那名告发库尔滕强奸的女人名叫玛利亚·布德列克，是一名家庭女佣。在1930年5月14日，玛利亚在火车站的站台上遇到了一名男子，男子说他可以带玛利亚去妇女招待所，玛利亚相信了，就跟着男子离开了火车站。当男子将她带到公园的偏僻处时，玛利亚突然想起了杜塞尔多夫吸血鬼的传说，她很害怕。就在这时，库尔滕出现了，他将玛利亚带走了。而库尔滕才是真正的杜塞尔多夫吸血鬼。

此时的玛利亚又累又饿，当库尔滕提出让玛利亚去自己家时，玛利亚轻易地同意了。当来到库尔滕家中后，玛利亚突然感到不安，她想要离开。库尔滕爽快地答应了，还说会给玛利亚找一家廉价的旅馆。途中，库尔滕带着玛利亚穿过一片树林时，突然撕下了绅士的面具，强行与玛利亚发生了性关系。

事后，库尔滕不仅没杀死玛利亚，还将她送到了电车上，不过库尔滕看到车上有警察，就没上车。库尔滕之所以没杀死玛利亚，是因为玛利亚在被强奸的时候并未抵抗，他觉得没必要杀死她。而且库尔滕觉得玛利亚是个头脑简单的女人，虽然去过自己家，但不会记住具体位置。事实证明，玛利亚不仅记住了库尔滕的家庭住址，还去警察局告发了库尔滕。

心理学家卡尔·伯格博士在得知杜塞尔多夫吸血鬼被捕的消息后，立刻决定在库尔滕被砍头前去采访他。1932年7月2日，伯格博士出现在关押库尔滕的监狱内，库尔滕则穿着燕尾服等着伯格博士的到来。

看到库尔滕后，伯格博士十分吃惊，他以为杜塞尔多夫吸血鬼会是个精神错乱的疯子，会和他在精神病院看到的变态狂一样，但没想到库尔滕是个打扮得体的绅士，还十分有礼貌。

随着交谈的深入，伯格博士发现库尔滕是个条理清晰、记忆力惊人的人，他能够清楚地阐述出自己所犯下的79起案件，甚至连案件细节都记得一清二楚。

【情感丧失】

伯格博士在与库尔滕交谈后得出一个结论：库尔滕不是精神错乱者，而是个精神变态者。库尔滕能够控制自己的行为，因此他在犯下那么多谋杀案后都没有被警方抓住。如果不是库尔滕主动交代罪行，那么人们永远也不会知道杜塞尔多夫吸血鬼是谁。

伯格博士发现，库尔滕是个极度以自我为中心的人，他不会为那些被他杀死的人而感到愧疚，他也从不认为自己做错了，他将一切都归咎于受到不公平的待遇，正是因为这些糟糕的经历，让他丧失了人类情感。他没有同情之心，更不会内疚，他也不会主动与别人交流，更不会爱任何人，他的存在对所有人来说始终是个威胁，因为他除了毁灭之外，不会对任何事物有兴趣。

库尔滕还提及自己的杀人动机，他只是为了宣泄内心的压力。不过伯格博士并不认同库尔滕的说法，他认为库尔滕杀人实际上是为了获得性满足，通过杀人来获得快感。每当库尔滕在性方面无法获得满足时，就会产生杀人的冲动。例如库尔滕曾提到他很喜欢幻想和回忆杀人细节，他会因此变得很兴奋，就好像重新体验了一次杀人。

库尔滕对自己的妻子舒尔特的态度与众不同，他似乎很爱自己的妻子，不然也不会让舒尔特去告发自己，从而获得一笔奖金。在伯格博士看来，库尔滕这么做只是厌倦了杀人,他无法再从杀人中感到满足,于是只能主动放弃继续杀人。许多连环杀手都与库尔滕一样,在厌弃杀人后,要么销声匿迹,要么自首,要么自杀。

Criminal Psychology

浴室墙壁上的古怪留言——
威廉·乔治·海伦斯

在 1945 年 6 月到 1946 年 1 月之间，芝加哥和周边地区发生了三起令人震惊的谋杀案。被害人的身上有多处致命伤，显然凶手的目的就是杀人，根本没打算留活口。在作案现场，凶手用一支口红在浴室的墙壁上留下了几句古怪的留言："看在上帝的份上，在我杀死更多的人前赶快抓住我吧，我已经控制不了自己了！"凶手也因此被媒体称为"口红杀手"。

第一个被害人是 43 岁的约瑟芬·罗斯。罗斯在与丈夫离婚后，就和两个女儿玛丽、杰奎琳居住在芝加哥北部埃奇伍德区的一间小公寓里。

1945 年 6 月 5 日的下午 1 点半左右，杰奎琳回家吃午饭，结果发现家里有些不对劲儿。家里的抽屉全部被拉开，椅子也被打翻了，报纸扔得到处都是。杰奎琳突然产生了一种很不好的预感，她急忙跑到母亲的卧室，结果发现卧室里到处是血迹，墙壁上、窗帘上和家具上都溅上了血，罗斯则趴在床上，已经没了生命迹象。罗斯的喉咙被多次刺伤，头上还裹着一件衣服。

杰奎琳立刻报了警。警方在对案发现场进行调查取证的时候，发现房间里所有的钱都不见了，而且隔壁的浴室里，浴盆水池里血淋淋地浸泡着几件女性的衣服，包括内衣。除此之外，警方没有发现指纹和其他线索。

警方从杰奎琳和玛丽那里了解到，在案发的当天，罗斯像往常一样起得很早。等她们姐妹起床后，罗斯与她们简单聊了一会儿后，她们就各自去上班了，罗斯则独自一人留在家里睡觉。

警方认为这很可能是一起情杀案，就将罗斯的前夫和男朋友当成了重要嫌疑人，结果调查发现这两人都有确凿的不在场证明。一时间，警方的调查陷入了僵局，案件侦破没有任何进展。

仅在半年之后，芝加哥又出现了一起谋杀案，这次的被害女性是一个退役军人，名叫弗朗西丝·布朗，是个身材娇小、有着棕色头发、看起来十分端庄的女人。她就住在距离罗斯住处不远的松格罗夫大街松林顶公寓611室。

1945年12月11日的早上，女佣玛莎·恩格斯发现了弗朗西丝的尸体，当时她注意到611房间的门大开着，收音机正在播放，而且开得声音很大。玛莎觉得不对劲，就探头向611房间看了一眼，然后就发现床上溅满了血，旁边还有一条血迹向浴室蔓延。玛莎走进浴室一看，发现弗朗西丝浑身赤裸着躺在浴缸里，脖子上插着一把刀，脑袋上还有一个弹孔。浴室的墙壁上有一行用口红留下的古怪留言："看在上帝的份上，在我杀死更多的人前赶快抓住我吧，我已经控制不了自己了！"

警方赶到案发现场后，发现弗朗西丝房间里的钱也都不见了。这一次，警方在门框上找到了一枚血指纹，这是一个极其重要的线索和证据。

弗朗西丝是前一天晚上被人杀害的，当时她独自一人在家。弗朗西丝的邻居乔治·温伯格告诉警方，他在凌晨4点左右听到了枪声。夜班工作者约翰·戴德里克告诉警方，在凌晨时分看到一个可疑的男子从电梯里走出来，他看起来大约35岁至40岁，体重约140磅[①]，他看上去非常紧张的样子，在前门摸索着离开了。警方怀疑，凶手应该是通过消防通道进入被害人的住所的。有一种推测认为，凶手极有可能是个女人，因为"看在上帝的份上"这个词比较女性化。

对于芝加哥警方来说，尽快将口红杀手抓捕归案成了最重要的工作，但一

---

①本书采用英美制度量单位，如磅、英里等。

直苦于没有线索，直到1946年初发生的一起案件，才让警方的调查取得了突破性的进展。

1946年1月7日，这天是星期一，吉姆·德格兰像往常一样叫女儿们起床上学，结果发现6岁的苏珊娜·德格兰的房门关着，这让吉姆觉得很奇怪。苏珊娜是个胆小的女孩儿，从不敢独自在黑暗中睡觉，总会开着卧室的房门。当吉姆打开卧室门后，发现苏珊娜不见了，卧室的窗户全部被打开。吉姆吓坏了，立刻叫醒妻子海伦，他们搜遍了整个房间，都没有找到苏珊娜。

吉姆和海伦有两个可爱的女儿，分别是苏珊娜和贝蒂，他们一家人就住在新泽西州北区埃奇沃特，生活得很幸福。在星期日的晚上，吉姆亲眼看着苏珊娜上床睡觉，结果到了第二天早上，苏珊娜就不见了。

警方接到报案后，立刻来到了吉姆家中。警方在苏珊娜卧室的地板上发现了凶手留下的勒索信，这封勒索信如果不仔细看，就像一张废弃的纸巾。勒索信上写着："准备两万美元，等我的消息。别告诉FBI或警察。我只要5元和10元面额的纸币。"背面是绑架者留下的警告："为了她的安全，把这个烧掉。"

勒索信上的字体十分古怪，上面的单词不规则地夹杂着使用了大、小写字母，看起来就像在写五线谱一样，警方怀疑绑架者有较高的音乐造诣。

与此同时，芝加哥市市长收到了一封指责罗斯福总统和物价管理办公室为所欲为的信，字体与勒索信十分相似。而苏珊娜的父亲吉姆正好在物价管理办公室工作。

警方在苏珊娜卧室的窗户下面发现了一架梯子，绑架者应该就是通过这个梯子爬进了苏珊娜的卧室。经调查，这架梯子是一家托儿所丢失的。

在之后的几天内，吉姆接到了几个勒索赎金的电话。后来警方通过调查发现，打电话的并非真正的绑架者，只是两个小混混，在听说此案后想借机捞一笔。

由于失踪者是个6岁的孩子，警方十分重视，就连新任警察局长约翰·C.普伦德加斯特也亲自参与了调查。警方对整个地区展开了搜寻，希望能找到目击者，但还是一无所获，直到警方接到了一个匿名电话，匿名者暗示警方去搜查德格兰家附近的下水道系统。

接到匿名电话的当天晚上，两名警察李·奥洛克和哈利·贝诺伊特在温思罗普大街上看到了一个好像被移动过的下水道井盖，于是就用手电筒照进里面，结果看到了一个像金发娃娃头一样的东西，那正是苏珊娜的头颅。

苏珊娜的尸体被肢解成数块，并被凶手扔到几个下水道里。警方在发现苏珊娜头颅的附近街区一栋公寓的地下室洗衣房内发现了大量的血迹和头发，警方认为这应该就是凶手的分尸现场。法医在检查苏珊娜的遗体碎块时发现，凶手在分割尸体的时候非常精准和利索，甚至连一般的医生都做不到这样。法医推测凶手一定是个谙熟解剖学的人，或者是个非常有经验的屠夫。

苏珊娜只是一个年仅6岁的小女孩，却被凶手用十分残忍的方式杀死，这让整个芝加哥都愤怒不已，警方不分昼夜地在芝加哥展开搜捕，这场搜捕行动是芝加哥有史以来规模最大的一次。警方走访了三千多名可疑者，希望将真正的凶手抓捕归案，但一切都是徒劳。

由于带着一个孩子在街道上很容易引起路人的注意，所以警方认定凶手在作案时一定开着车。但这只是警方的推测而已，警方虽然能对凶手进行大量的推测，却需要一条具体的线索来为警方的调查工作指引方向。

警方将那封勒索信送到了联邦调查局的实验室，专家从上面提取到了指纹。之后，芝加哥的警方开始寄希望于通过指纹比对来寻找凶手，于是花费了数月时间来与数千名有作案嫌疑者的档案进行比对。这是一项工程非常巨大的工作，但所取得的效果并不明显。直到半年后的一个夜晚，警方在抓捕了一个入室行窃的持枪嫌疑人后，才有了具体的怀疑对象，他就是大学生威廉·乔治·海伦斯，还不满18岁，经常在案发地点出没。

1946年6月26日下午，海伦斯离开大学宿舍，准备去一趟邮局，他身上的钱不多了，得到邮局兑现一些债券，当然这些债券都是他偷来的。海伦斯将债券放到钱包里，穿上外套，并在里面藏了一把左轮手枪就出门了。

海伦斯来到了霍华德街的车站，乘车到芝加哥北边的斯科基郊区，那里有个邮局，他对这个地区非常熟悉，曾多次到邮局兑现支票。来到邮局时，已经下午三点左右，海伦斯发现邮局的大门紧锁着，已经打烊了，这个意外让海伦斯非常愤怒，他决定到谁家去偷点儿钱。

海伦斯来到了一栋熟悉的公寓，当他正要偷钱的时候，突然听到一个人大喊"抓贼"，原来屋主的邻居发现了他。海伦斯没有防备，被吓得不轻，立刻逃走了。许多人听到有人偷东西，纷纷赶来，一直追赶着海伦斯，跑了几个街区后，海伦斯终于甩掉了这些人。

此时海伦斯的体力已经透支了，他决定通过消防通道寻找一个安全的巷子离开。就在海伦斯爬上消防通道的时候，已经有人报了警，警察提芬·迪芬和威廉·欧文斯迅速赶来，并在两端的楼梯处等待海伦斯的出现。

当海伦斯发现自己的退路已经被警察堵住了，就拿出了手枪朝警察射击。幸运的是，海伦斯手枪的子弹卡壳了，这让警察有机会迅速靠近海伦斯。海伦斯的激烈反抗让两名警察的抓捕工作陷入了一场混战之中。

就在这个时候，海伦斯的头部被重击了一下，他大叫一声后就昏了过去。原来，一名正在休假的巡警阿布纳·坎宁安正好路过此地。当他看到此景后，立刻拿起一个花盆朝着海伦斯的脑袋狠狠地砸去。

警方在调查海伦斯的时候，发现他虽然年龄不大，却多次被捕。13岁时，海伦斯就因非法持枪被逮捕。海伦斯虽然在芝加哥大学学习电气工程专业，是个成绩非常优秀的学生，但一直入室盗窃。

海伦斯所犯的盗窃案，让警方怀疑他就是杀害罗斯、弗朗西丝和苏珊娜的凶手。在审讯中，海伦斯说自己偷窃只是为了缓解压力而已，坚决否认自己杀人。

在当时，由于法律对嫌疑人的保护不够，警察在审讯嫌疑人的时候，极易使用暴力手段。例如公寓看门人赫克托·费尔伯格就曾被警方当作嫌疑人拘捕起来，尽管他是个半文盲，也不懂医学。在审讯过程中，费尔伯格遭受了十分暴力的对待，以至于他在10天后被放出来时直接去了医院接受治疗。费尔伯格也因此获得了2万美元的高额赔偿。

不论警察们如何对待海伦斯，拳打脚踢也好，奚落、嘲讽也罢，海伦斯就是不开口，警察一时间也拿海伦斯没办法。后来，警察开始使用当时的"高科技手段"来审案，对海伦斯使用了硫喷妥钠（俗称"吐真剂"）和测谎仪，但还是没能从海伦斯那里获得有价值的线索。

既然海伦斯不开口，警方就只能寄希望于证据。首先是指纹比对，警方将海伦斯的指纹与弗朗西丝公寓门框上的带血指纹以及勒索信上的指纹进行比对，结果发现指纹吻合。这说明，海伦斯就是警方一直在苦苦寻找的口红杀手。然后警方还将勒索信和用口红写的字迹进行了比对。笔迹专家认为，口红写的字迹与勒索信上的字迹并不完全吻合，有一些相似的地方，也有一些不相似的地方。不过警方还是认为海伦斯就是口红杀手，他为了摆脱警方的追踪，故意改变了自己的字迹。还有一个证据非常关键，警方在搜查海伦斯的宿舍时发现了两本书籍，这两本书都是德格兰邻居家的，是在苏珊娜失踪的那天夜晚被盗走的。

1946年9月4日，海伦斯接受了审判，被判处三项终身监禁。在入狱后不久，海伦斯就开始上诉，他声称自己是被冤枉的，他没有杀人，更不是口红杀手。海伦斯表示，自己当时之所以会认罪，完全是出于对死刑的恐惧。在当时，媒体得知海伦斯就是口红杀手后，纷纷发表文章。在媒体的推波助澜之下，海伦斯听从了律师的建议，与检方达成了辩诉交易，承认对这3起命案负责，从而避免死刑。海伦斯还提到了自己被注射硫喷妥钠，他说硫喷妥钠对自己的意识产生了影响，在一定程度上促使了自己认罪。不过并没有人愿意相信海伦斯的话。

海伦斯在监狱里的表现非常好，是模范犯人，在制衣车间里担任负责人。海伦斯在监狱里一直坚持学习，并在1972年成为伊利诺伊州第一个在监狱中修完大学课程并获得学士学位的犯人。此外，海伦斯还协助狱方建立了当时最先进的监狱图书馆系统。后来，海伦斯还成了狱友们的老师，辅导狱友学习并协助他们获得高中毕业同等学力证书。海伦斯被狱友们称为"狱中律师"，他经常通过自学法律来帮助狱友。2012年3月6日，海伦斯在监狱中去世。

1928年11月15日，海伦斯出生于一个经济收入不稳定的家庭，他的父母乔治与玛格丽特虽然感情很好，但没有稳定的收入。乔治靠着打零工挣钱，赚的钱本来就不多，再加上他爱挥霍的个性，导致家里的生活非常拮据。为此，玛格丽特只好将两个儿子海伦斯和他的弟弟杰勒留在家中，自己外出工作。

海伦斯从小就是一个好动和淘气的孩子，他不喜欢和同龄人玩耍，总是独自一人摆弄化学装置，或者将东西拆开再组装起来。

入不敷出的经济状况让乔治和玛格丽特这对夫妻的感情越来越差，他们常常因为金钱发生漫长而激烈的争吵。从那时起，海伦斯就开始厌烦这种争吵不断的家庭氛围，经常离开家到街道上溜达。海伦斯没什么朋友，他也不喜欢与他人交往，总是远离任何人，独自一人做些事情。不久之后，海伦斯染上了偷窃的毛病。

七年级时，海伦斯找到一份工作，给当地杂货店的老板送货。有一次，海伦斯在送货的时候由于粗心大意，一位顾客少给了他1美元。当海伦斯发现后惊慌失措，他知道自己得想办法补上这1美元的差额，不然杂货店老板一定会发现自己的疏忽，很可能会导致自己失去工作。当海伦斯发现一个男人正躺在地上休息的时候，立刻动了心思，他从男人身上偷走了一张钞票。

这本是一次意外，但海伦斯却从此爱上了偷窃，因为他在偷钱的过程中不仅没觉得害怕，反而因为冒着被发现的危险而感到兴奋和刺激，在得手后觉得非常满足。从那以后，海伦斯开始进行大范围的入室盗窃。海伦斯除了偷钱外，还会偷些东西，例如女人的毛皮大衣、男人的衣服、收音机、餐具和枪等。这些偷来的物品都被海伦斯藏在一栋公寓楼楼顶的棚子里。对他来说，这些偷来的东西更像是他的战利品。

除了偷窃这个特殊的爱好外，海伦斯还十分迷恋枪支，总是随身携带枪支。

13岁时，海伦斯的小学毕业典礼即将开始，海伦斯在公寓里被一名警察抓住了，当时警察只是觉得他形迹可疑而已，却在他的身上发现了武器。海伦斯对警察说，枪是他在地上捡到的，不过警察并不相信。在之后的审讯中，海伦斯承认了自己犯下的11起入室盗窃案。最后，海伦斯因携带枪支和盗窃罪被起诉。

海伦斯被短暂关了一段时间后就恢复了自由。不久之后，海伦斯再次因盗窃罪被捕，这一次他被送到了圣贝德学院拘留中心。对于海伦斯来说，他知道盗窃行为是错误的、违法的，但他就是无法控制自己。他之所以如此迷恋盗窃，是因为盗窃能给自己带来难以抵挡的快感和满足。

在圣贝德学院拘留中心，海伦斯的表现非常优秀，不仅学习成绩优异，还经常参加学院的体育活动。后来海伦斯获得了一次可以考入芝加哥大学的机会，海伦斯通过了入学考试，并在离开拘留中心之前，得到了录取通知书，他在1945年的秋季学期开始时就可以入校学习，当时海伦斯只有16岁。

玛格丽特得知儿子被芝加哥大学录取后十分高兴，她觉得海伦斯终于走上了正道。但让玛格丽特没有想到的是，海伦斯一边上大学一边继续偷窃，并开始杀人。

【好学生罪犯】

对于许多罪犯来说，学校是一个让他们感到厌恶的地方，因为这里有许多限制，有大量行为规范需要遵守，还有复杂沉重的课业负担。因此对于许多罪犯来说，他们要么早早地辍学，离开学校，在他们看来到社会上更加自由；要么就是因为多次违反校规校纪被赶出了校园。很多连环杀手能勉强读到高中毕业，就已经很困难了，更别说进入大学学习。但口红杀手海伦斯显然是个意外，他是个头脑非常聪明的人，不然芝加哥大学也不会给他入学考试的机会。

海伦斯被捕的时候只有18岁，是芝加哥大学的学生，表面上看起来与口红杀手相距甚远。有些具有犯罪人格的人就像海伦斯一样，学习能力非常强，他们的学习成绩也很优秀，而这恰恰能帮助他们掩盖自己的罪行。有谁会去怀疑一个学习成绩优秀的学生呢？芝加哥的警方在抓捕口红杀手的过程中，进行了大量的排查工作，就是没有查到海伦斯这个芝加哥大学的学生身上。

优异的学习成绩可以帮助掩盖罪行，很少会有人怀疑一个成绩优秀的学生是个罪犯。在大多数人看来，包括警察在内，犯罪行为只会出现在边缘群体当中，例如失业者、流浪汉等。想要抓捕像海伦斯这样的罪犯，会十分困难。例如海伦斯被抓住就是一次意外。海伦斯是个头脑十分冷静的罪犯，也没有精神疾病，他每次行窃或杀人后，都能迅速让自己平静下来，然后若无其事地回到宿舍继续自己的大学生活。

让很多犯罪学家，特别是犯罪心理学家、行为分析学家着迷的是口红杀手留下的那句话："看在上帝的份上，在我杀死更多的人前赶快抓住我吧，我已经控制不了自己了！"这条留言看起来十分特别，更像一种真切的求助，是口红杀手的标志。一些连环杀手会在案发现场留下属于自己的独特标志，这与他们的犯罪行为无关，他们这么做只是为了满足自己心理上以及情感上的需求。这种独特的标志并不一定每次都出现在案发现场，因为独特标志并不是连环杀手要完成的必要行为或活动。

对于有反侦查意识的连环杀手来说，他们会采取一些防范措施以掩盖自己的独特标志，避免被警方当成破案的线索。例如警方在将口红写的字迹与勒索信上的字迹进行比对时发现，两者有相似之处又不完全相同。于是警方推断很可能是海伦斯为了避免警方追查到自己的身上，故意改变了字迹。

Criminal Psychology

现实版的"农夫与蛇"——
卡尔·阿尔弗雷德·埃德

1974年11月，加利福尼亚州特哈查比州立监狱里一名因五项一级谋杀罪被判处终身监禁的罪犯消失了，他名叫卡尔·阿尔弗雷德·埃德，狱警只找到了埃德留下的一张纸条，上面写着："我坐够了，我要离开了。"

埃德因杀害4名孩子和一名成年女性被捕，当时他虽然只有16岁，未满法定成人年龄，但法官还是选择了重判，因为这起案件的性质实在太恶劣了，简直就是现实版的"农夫与蛇"。

1958年11月的一天，美国加利福尼亚州埃尔卡洪市的托马斯·彭德加斯特在下班后像往常一样驾驶着汽车回家。托马斯有一个贤惠能干的妻子和4个可爱的孩子，工资丰厚，生活得十分幸福。每天到下班时间，托马斯的孩子都会跑出来迎接他，想到这里托马斯十分开心。

在回家的途中，托马斯遇到了一个搭便车的年轻男子，当他看到男子做了搭便车的手势后就在他面前停了下来。在托马斯的印象中，年轻男子看起来稚气未脱，似乎还是个孩子，他的衣衫非常破旧，脸上也脏兮兮的。尽管如此，托马斯还是让他上车了。

男子上车后，托马斯开始主动与他交谈，得知他名叫卡尔·阿尔弗雷德·埃德，今年16岁了。由于埃德不爱说话，托马斯在了解了他的基本情况后就不再主动与他交谈。托马斯一边开车一边偷偷观察埃德，他发现埃德的衣服很脏，他身上的牛仔裤已经难以辨认出原来的颜色，头发和脸似乎很长时间没清洗过。托马斯认为埃德并不是一个搭便车旅行以体验生活的年轻人，应该是个流浪者。

在托马斯的追问下，埃德说自己被家里人赶了出来，从那以后就一直流浪。对于为什么被赶出来，埃德并没说，托马斯也就不再追问。一时间，托马斯十分同情埃德，他觉得埃德还是个孩子，于是就主动提出让埃德去自己家中吃晚餐，他说自己的妻子每天都会准备很多菜，一般都吃不完，希望埃德能与他们一起吃。埃德当时又累又饿，一口答应了下来。

当托马斯将车停到车库后，就和迎接自己的4个孩子相互拥抱和亲吻。之后，托马斯向孩子们介绍了埃德，他说埃德是自己请来的客人，会和他们一起共进晚餐。大卫是托马斯的长子，已经9岁了，听到父亲这样说后，就主动与埃德打招呼，并欢迎埃德到家中做客。

当时托马斯的妻子路易斯正在厨房里忙着准备晚餐，知道丈夫回来后，就出来迎接。托马斯将埃德介绍给了路易斯，并将与埃德的偶遇以及埃德的状况简单说给妻子听。路易斯听后询问埃德，是否需要梳洗一番。埃德点了点头，于是路易斯将他带到浴室，并打开热水，她说："这是新毛巾，香皂在这里。孩子，你需要换洗的衣物吗？我将托马斯年轻时的衣服拿给你。"埃德又点了点头。

等埃德洗干净后，托马斯就招呼他一起吃饭。埃德似乎很长时间没吃饱过了，他狼吞虎咽地席卷着餐桌上的食物。大卫和6岁的小托马斯似乎对这个新来的大哥哥十分感兴趣，叽叽喳喳地问着各种各样的问题，埃德一边嚼着食物一边含糊不清地回答着两个小男孩的问题。4岁的戴安娜表现得很安静，只是在偷偷观察着埃德，她似乎是害羞，又似乎很害怕出现在自己家中的陌生人。

吃完晚饭，托马斯提出让埃德在附近找个工作，这里有许多工作机会，只要埃德肯努力，一定可以得到一份不错的工作。他说，在埃德找到工作稳定下来之前，都可以暂时住在这里。路易斯也赞同丈夫的这个提议，她说自己会给埃德收拾出一个房间，不过房间可能有些狭小。埃德看着这对好心的夫妇，在思考了一会儿后，同意了。从那天晚上起，埃德就住进了托马斯的家里。

通过一段时间的相处，路易斯发现埃德是个很不正常的青年，他沉默寡言、脾气暴躁、性情阴郁。每当年纪小的孩子哭闹时，埃德就会变得暴躁易怒，会冲着孩子们大喊大叫，或者摔东西来威胁孩子们闭嘴，路易斯感觉如果不是自己及时发现，埃德甚至可能会用拳头揍孩子。路易斯还发现埃德是个根本不会尊重他人的人，她总觉得埃德将自己看成一个仅供他支使的仆人。

12月12日，路易斯告诉丈夫，得赶紧想办法让埃德离开，不然孩子们可能会有危险。路易斯还提到，埃德已经在这里住了6个星期了，时间不算短了，但他一直不找工作，他们不能一直白养着他。托马斯听后表示会好好考虑，然后开车去上班了，他的车上还有大卫和小托马斯，托马斯得将这两个孩子送到学校。

这天，托马斯一直在思考着妻子的话，最后他决定接纳妻子的建议，晚上让埃德尽快搬出去。下班后，托马斯一边开车回家，一边思考着怎么跟埃德说才算礼貌得体。刚到院子里，托马斯就看到了站在门外的埃德，他注意到埃德手里提着一个旅行包。埃德看到托马斯的汽车后，就招手让托马斯停下。

埃德对托马斯说："我在你家待了很长时间，我想离开到城里去，你能载我一程吗？"托马斯注意到埃德脸色苍白，眼神飘忽不定，整个人显得十分警惕，就连双手也抑制不住地颤抖着。托马斯突然有了一种不祥的预感，他说自己得先和妻子、孩子们见一面，好让妻子将饭菜留在炉子上，等他回来一起吃。

埃德拒绝了，他坚决让托马斯立刻带自己走。这下，托马斯更加不安，他坚持一定要进家看看。这时，埃德突然掏出了一把枪，逼迫托马斯开车将自己带到市区。托马斯很害怕，只能按照埃德的要求去做。他一边开车，一边祈求埃德告诉自己路易斯和4个孩子都平安无事。埃德直接冲他吼道："闭嘴！不要逼我杀了你。"

送走埃德后，托马斯立刻开着车回到了家。一进门，托马斯就看到了令他崩溃的一幕，他的妻子路易斯头部中枪而亡，4个孩子也都倒在血泊里。当地警方在接到911报警电话后，立刻赶到了托马斯家中。

经过初步的调查取证，再加上托马斯的证词，警方随即发出通缉令逮捕埃德。3天后，有人在使命海滩发现了埃德消瘦的身影，他很快就被警方抓捕归案。在审讯过程中，埃德不仅认罪，还描述了整个作案过程。

案发当天，4岁的戴安娜在埃德旁边玩闹，发出了很大的声响，埃德觉得很厌烦，就让戴安娜安静。戴安娜根本不理睬埃德的警告，依旧在玩闹。暴躁不已的埃德开始用拳头威胁戴安娜安静下来。路易斯此时正好看见埃德在威胁戴安娜，她一边从埃德手中夺过戴安娜，一边质问埃德为什么对一个4岁的孩子动手。

路易斯的怒斥让埃德觉得更加烦躁，他掏出一把手枪，对着路易斯的脑门开了一枪，路易斯当场毙命，埃德立刻觉得安静了。这把手枪是埃德在托马斯家的车库里发现的，他将手枪据为己有，偷偷藏了起来。随后，戴安娜和两岁的艾伦被埃德用托马斯的猎刀杀害。

杀人后，埃德并没有立刻逃走，而是坐在托马斯家中，似乎在等什么人。大卫和小托马斯放学后，一走进家门就被埃德用猎刀杀死了。之后，埃德开始清理脸上和手上的血迹，他还换掉了沾满血迹的衣服。做完这一切后，埃德收拾了行李，拿着托马斯的手枪，站在院子里等托马斯回家。最后，托马斯在他的威逼下驾车将他送到市区。

由于证据确凿，案件的审理十分顺利。被判处终身监禁后，埃德就被送到特哈查比州立监狱服刑。1974年，在埃德越狱后，警方立刻发出通缉令，加利福尼亚州管教部悬赏2万美元以获得与埃德有关的消息。不久之后，埃德就成了FBI通缉的要犯之一。

1976年，也就是埃德越狱两年后，警方得到了埃德的消息，据说他在卡利斯托加和蒙大拿州首府赫勒拿活动，成为一个反政府组织摩托帮的成员。之后，就没了埃德的消息。根据警方的追查，埃德曾在伯克利、旧金山、纽约和堪萨斯等地活动过。此外，警方还接到举报，有人在拉丁美洲和加拿大看到了埃德。虽然警方得到了许多举报线索，并且对这些信息进行了分析，根据线索去追查，但就是没有将埃德抓住。

现如今，埃德依旧毫无消息，他仍在FBI头号通缉要犯的名单中。警方认为埃德现在很可能是个实验室技师，他能熟练使用刀具，十分擅长木匠活和制作展览用的小陈列柜。后来，警方根据他在监狱服刑时的照片，模拟出他衰老后的样子，将照片放在通缉令上，埃德如今已是70多岁了。

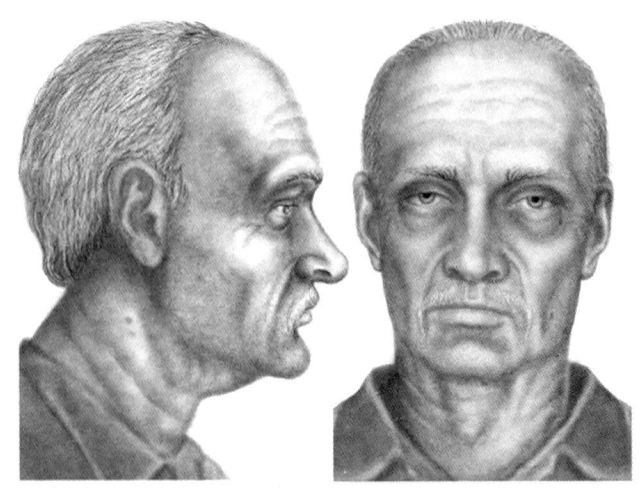

对于埃德的下场，有人猜测他很可能已经死了，毕竟他是个性情暴虐、阴晴不定的人，帮派成员一定很害怕与他相处，于是就在帮派内部将他杀死。甚至有人声称，埃德曾威胁要杀死时任总统杰拉尔德·福特。对此，加利福尼亚州管教部特别服务科的科员斯科特·韦伯认为，埃德如果真的放出了这样狂妄的话，那么一定会有人想尽办法送给他一颗子弹，然后将他的尸体扔到下水道，这将是埃德失踪后一直待的地方。

【被利用的同情心】

这是一个现实版的"农夫与蛇"的故事，对于埃德所犯下的罪行许多人都会像托马斯一样想不通。他为什么要恩将仇报？毕竟托马斯一家在他又累又饿的时候给他提供了帮助，他就算不回报，也不应该将托马斯的妻子和孩子都杀死。他为什么要这么做呢？

埃德被捕后平静地交代了整个案发过程，他没有表现出任何愧疚之情，好像在陈述一件与自己毫不相干的事情。当被问及为何要动手杀人时，埃德说："我只是无法控制自己，我当时非常激动、愤怒。"

托马斯因为同情埃德，而将埃德安排在自己家中居住，但他不知道埃德虽然和他一样都是人，却并不具备人类所拥有的情感，他是个反社会人格者。对于反社会人格者来说，同情心恰恰是可以利用的工具。

当一个情感正常的人遇到一个遭遇不幸的人时，会表现出同情和怜悯，就像托马斯得知埃德被家人赶出来后感到十分难过。可是对于反社会人格者来说，一旦一个人出现了同情，那么这个人就可以轻易地被掌控，因为一个人在心生怜悯的时候，是毫无防备之心的。

值得注意的是埃德的家人对他的态度。埃德被捕后接受审判的时候，警方希望埃德的家人能够出庭，于是就设法联系了埃德在纽约州罗切斯特的家人，但他的家人根本没人愿意出席。埃德的父亲对警察说："我真的很高兴你们将他抓住了。"埃德的奶奶说："当警察抓住他的时候，我希望警察找到的是埃德的尸体。"从埃德家人的态度中可以得知，他们也应该被埃德折磨得不轻。

有人曾这样形容反社会人格者："像爬行动物一样冷血。"与哺乳动物不一样，爬行动物毫无情感，有的只是生存本能。情感是进化过程中大自然赐予哺乳动物的一项重要能力，因为情感，哺乳动物会抚育后代，不会像爬行动物一样产下下一代后不管不问，任其自生自灭。有了情感，哺乳动物才能与同类建立连接，并成群生活在一起。

反社会人格者从不反省自己、冷酷、没有同情心，从来不觉得要为自己的行为承担责任。具体行为表现就是冲动、性混乱、没有自制力、喜欢寄生虫式的生活方式。埃德就是如此，他会因小孩的吵闹而产生杀人的冲动，而且来到托马斯家中很长时间了，也不主动外出找工作，心安理得地享受着托马斯为他免费提供住宿、食物等帮助。

此外，反社会人格者常常是极端以自我为中心的人，他们不在乎他人的情感或权利，一切以自己的需求为主，经常对他人颐指气使。埃德从头到尾都没有考虑过恩人托马斯的感受，他只是觉得自己受不了吵闹，所以戴安娜就必须闭嘴。当戴安娜继续吵闹的时候，埃德就亮出了自己的拳头。面对路易斯的斥责，埃德也不会考虑路易斯斥责的正当性，他所在乎的就是此时自己的感受，他非常愤怒，想让路易斯消失。根据路易斯对托马斯的反映，埃德从来不会尊重人，只会颐指气使或控制别人。

总之，当一个人具备了颐指气使、冷酷、从不自省这三种特征后，那么他极有可能会做出十分恐怖的事情来。因此当你像托马斯一样准备向一个陌生人伸出援助之手的时候，如果他混合了上述三种特征，那么一定要远离他，他是个危险人物，极有可能会给你的生活带来危险。就算没有实质性的伤害，也会深深地伤害到你的感情。

Criminal Psychology

面孔上触目惊心的疤痕——
艾瑞克·埃德加·库克

在澳大利亚有一座历史名城弗里曼特尔，这里是著名观光胜地，其中弗里曼特尔监狱是这座城市的著名景点之一。现在，弗里曼特尔监狱里只有管理员、工人和旅游团。不少人都是被弗里曼特尔监狱的闹鬼传说吸引而来，希望能在这里目睹一些超自然现象。

弗里曼特尔监狱修造的时候，澳大利亚还是英国的殖民地。当时英国政府为了在澳大利亚修建公路、桥梁等公共设施，专门将英国的犯人运送到这里。这些犯人被迫独自一人远离家乡和亲人，来到荒凉的澳大利亚做苦力，而关押犯人的弗里曼特尔监狱就是他们亲自修建的。

1868年，弗里曼特尔监狱成了澳大利亚西部最大的监狱，已有超过9700名犯人被运送到这里服刑。这座监狱里关押着不同类型的犯人，有杀人犯、强奸犯，也有小偷。

弗里曼特尔监狱是澳大利亚西部从1888年到1984年期间唯一合法执行绞刑的地方。绞刑通常在星期一早晨8点执行。在此之前，犯人会进行沐浴和吃早餐，监狱还会为犯人提供两杯威士忌酒和神父的祷告，然后他的手会被绑住，头部覆盖着毛巾被处死。在澳大利亚西部废除死刑前，弗里曼特尔监狱最后一次执行绞刑发生在1964年，被处死的犯人是一名连环杀手，名叫艾瑞克·埃德加·库克。因为他总是在深更半夜杀人，所以被称为"午夜杀手"。

20世纪60年代，人们没有锁车的习惯，即使是晚上，钥匙也总是随意地插在打火装置上，这给了库克以可乘之机。库克总会在夜深人静的时候，偷偷开走一辆车，然后去做些疯狂的事情，第二天早上将车停在原地。许多车主人都不知道自己的汽车曾被偷过，直到警方因肇事逃逸找上车主人。

除了肇事逃逸和偷盗抢劫外，库克还会随意杀人，他所选择的被害对象几乎没有规律可循。他与一般的连环杀手不同，不会选择固定类型的目标，被他杀死的人千差万别，有18岁的大学生，也有退休的杂货店店主，还有停车场的夫妇。有一次，库克发现自己的住所闯入了小偷，他直接将对方杀死了。

库克的犯罪手法也没有固定模式，相当随意，有时他会用刀刺，有时会用枪击，有时干脆随意找个东西将人给勒死。有的被害人在被库克杀死后还惨遭奸尸。有一次，库克在杀死一个人后，直接将尸体拖到了邻居家的草坪上，然后用一个空酒瓶不停地戳刺这具尸体。还有一次，库克在入室杀人后并未马上离开案发现场，而是从容地从冰箱里拿出一罐饮料，走到阳台上悠闲地喝完。

在库克疯狂作案的高峰期，佩斯市笼罩在一片恐怖的阴影中，许多人为了自身安全开始购买枪械，有的甚至会购买大型犬看家，有的则购买安全系数更高的锁，一时间当地的枪械、锁业生意非常火爆。与此同时，警方和政府部门受到了市民强烈的抨击。

接连发生的凶杀案让当地警方头疼不已，再加上库克的作案手法随机、没有特定的被害人类型，这让警方的侦破工作变得十分困难。他们根本无法判断凶手有多少个，甚至都想不到这些凶杀案是同一个人所为。

后来警方只能采取漫天撒网的模式来寻找嫌疑人，于是一共有超过3万名12岁以上的男性被警方采集指纹，6万多把点22口径的枪接受了检测。这种调查方式给警方带来了十分繁重的工作，不过好在终于将库克抓捕归案了。

1963年8月，有人在一处灌木丛中发现了一把点22口径的枪并与警方取得了联系，警方将这把枪带走并进行了弹道测试。测试结果显示，这把枪正是一起凶杀案的作案工具。警方怀疑凶手不小心将枪掉在了灌木丛中，等他回想起来的时候一定会回来寻找，于是警方就在灌木丛中埋伏起来，等待凶手主动上钩。

17天后，有人出现在灌木丛，这个人就是库克，他被警方当场逮捕。

在审讯中，库克交代了将近300起案件，其中包括250起偷盗抢劫、8起谋杀、14起谋杀未遂，还有肇事逃逸等。库克说，自己从28岁就开始杀人。库克的记忆力好得惊人，他对每一起案件都记得很清楚，能够详细叙述出来，而且还清楚地记得抢劫案中被害人家中的装饰布置以及自己当时抢走了多少钱。但对于自己为什么会屡屡犯罪，库克从来没有提过。警方在调查中，也没有发现能够诱发库克作案的导火索因素。

1931年2月25日，库克出生于澳大利亚佩斯市的一处郊区，他在家中的3个孩子中排行老大，下面有两个妹妹。库克的父亲是个酒鬼，有酗酒的恶习，而且还很暴力，总是无缘无故地殴打妻子孩子，就连独子库克也不例外。库克作为家中唯一的男孩，又是长子，面对父亲的打骂他总是默默承受，从而保护母亲和妹妹们。

在学校，库克的日子也不好过，同学们总是排挤和欺负他，因为他的面容与常人不同，是天生的唇腭裂。后来，库克接受了矫正手术，虽然面容比之前好多了，但有一条触目惊心的疤痕，此外他说话也不利索。为此，库克先后换了5所学校。14岁时，库克再也忍受不了学校，他辍学成了一名工人。

后来库克因纵火罪被判入狱 18 个月，当时他因申请加入唱诗班被拒绝，于是库克就放了一把火将教堂烧毁。出狱后库克已经 21 岁，身无所长的他选择入伍。3 个月后，库克被部队开除了，因为有人揭发他留有偷盗、私闯民宅和纵火的案底。

22 岁时，库克与一个名叫萨拉·拉温的女子结婚。当时萨拉才 19 岁，在一家餐馆工作。婚后，库克与萨拉共生下了 7 个孩子。不知是遗传还是其他原因，这 7 个孩子都不是正常孩子，要么先天智力低下，要么畸形。

在库克所交代的凶杀案中，有两起女性被害案已经找到凶手并被定罪，这两名嫌疑人就是达瑞尔·比米什和约翰·巴顿。达瑞尔是个聋哑人，1959 年他因涉嫌杀害一名女性被捕入狱。约翰因涉嫌杀害女友被捕入狱。

库克不仅说这两起凶杀案是自己所为，还交代了案件细节，例如被害人的尸体被放置在汽车顶部。由于库克所驾驶的汽车顶部安装着遮阳板，警方怀疑他无法做到在不损害遮阳板的情况下将被害人的尸体放到汽车顶部。也就是说，虽然库克承认自己杀死了这两名女性，但达瑞尔和约翰的嫌疑还没有排除，他们依旧要继续在监狱里服刑。

2002年，约翰获得了释放，他已经在监狱里服刑长达39年。与此同时，法庭决定接受达瑞尔的请求，开始重新审理该案件。2月25日，审判结果出来了，达瑞尔被判无罪。巧合的是，这天恰好是库克的生日。2005年4月1日，达瑞尔被无罪释放，并获得了425000美元的赔偿金，他已经在监狱里待了46年。

库克在被判处死刑后，1964年10月26日被绞死，他也成了弗里曼特尔监狱最后一名被处以绞刑的罪犯。在当时，如果法官宣布一名罪犯被判处死刑，那么通常会引发社会争议，会有相关人士举行集会抗议。但在库克一案中，并没有人觉得法官的判决不妥。

【被冲动支配的罪犯】

在库克接受审判的时候，他的辩护律师表示，库克之所以会犯下难以饶恕的罪行，与他不幸的童年经历、外貌缺陷和头部受过创伤密切相关。因为父亲是个暴力、酗酒的人，所以库克的性情也很暴躁。外貌上的缺陷让库克无法展开正常的社会交往，他总会被同龄人排挤。这种种因素导致库克的精神不正常，辩护律师甚至声称库克精神分裂。

后来专家专门为库克进行了精神方面的检查，检查结果显示库克的精神很正常，不应该从轻发落，最终库克被判处了死刑。面对死刑这一审判结果，库克坦然接受了，他没有上诉，他表示自己是个罪大恶极的人，应该付出代价。

或许对于库克来说，他知道自己的所作所为在触犯法律，但他就是无法控制自己偷窃、抢劫、杀人的冲动。对于一些人来说，他们似乎无法控制自己的冲动，例如对于一个惯于偷窃的人，每当他处于一个新的环境时，就会忍不住打量周遭的环境，然后开始想着怎么下手去得到不属于自己的东西。也就是说，他总是在想着如何偷东西。库克也是如此，他每天最想做的事情就是偷窃和杀人，他根本无法控制自己的这种冲动，于是就只能被冲动所支配。当然这并不意味着他不用为自己的行为负责，也不能成为他减刑的借口。

Criminal Psychology

太平间里被割掉胸部的女尸——
彼得·杜帕斯

1968年10月3日，澳大利亚墨尔本的警方接到报警电话。等警方赶到案发现场后，立即将袭击者抓住并带回警察局。袭击者是一名15岁的少年，名叫彼得·杜帕斯。被袭击的女性27岁，是杜帕斯的邻居。

根据被害人的描述，在案发当天，杜帕斯来她家中借刀，被害人立即答应，并将刀递给杜帕斯。在被害人眼里，杜帕斯只是一个性格有点儿软弱的男孩，但她怎么也没想到，杜帕斯在接过刀后立刻刺向她，一下子刺伤了她的腹部。没等到被害人呼救，杜帕斯立刻刺出了第二刀，直接将被害人的手掌给刺穿了。杜帕斯好像疯了一样，一边戳刺一边歇斯底里地大喊："太晚了，一切都太晚了！我停不下来，他们会把我关起来的！"被害人一边奋力抵抗一边大声呼救，一名路人在听到被害人的呼救声后立即赶来营救，并报了警。

在警察局，杜帕斯告诉审讯的警察，当他拿住刀的那一刻十分兴奋，但之后发生了什么，他根本毫无印象。由于杜帕斯的年龄只有15岁，他被送到精神病院接受治疗。

自从杜帕斯进入奥斯丁医院后，该医院就发生了两起惊悚事件。1969年10月，医院太平间的两具女尸被人为损毁，尸体上有好几处刀伤，胸部也被割走。警方在接到医院的报警电话后立刻赶到太平间进行调查，但一直没有抓住那个刻意损坏尸体的人。多年以后，当杜帕斯因数起强奸杀人案被捕后，警方发现了一个令人吃惊的现象，杜帕斯每次杀人后，都会割掉被害人的胸部，这已经成为杜帕斯这名连环杀手的标志，这与太平间里那两具被割走胸部的女尸一模一样，这个发现让警方认定杜帕斯就是当年损坏尸体的人。

在医院里接受了短暂的治疗后，杜帕斯就恢复了自由。1973年11月5日，一名已婚女子在家中被杜帕斯强奸。当被害人发现杜帕斯这个闯入者后，想要呼救，但当她看到杜帕斯拿刀架在自己仅18个月大的女儿脖子上时，她立刻放弃呼救，任由杜帕斯将自己用绳子绑起来并实施强奸。杜帕斯离开前威胁被害人，要是她敢报警，就杀死她的女儿，最终被害人保持了沉默。

在之后的几个星期内，当地频发强奸案，这都是杜帕斯所为。杜帕斯会威胁每一个被害人，让她不要报警。有的被害人选择了沉默，但有的被害人选择了报警。警方接到报案后，立刻展开调查，于是杜帕斯被抓住了。这一次，杜帕斯被判处9年监禁。

杜帕斯在监狱里表现得不错，他一直在压抑着自己的邪恶欲望，5年后他被释放出来。或许是因为在监狱里太过压抑，杜帕斯在出狱后的10天内连续犯下了四起强奸案。

其中一起强奸案发生在女浴室里，当时杜帕斯拿着一把刀闯进了女浴室，然后威胁里面的女人，让她不要呼救，随后杜帕斯强奸了她。一些目击者找机会逃出去，然后报了警。当杜帕斯听到警笛声后，立刻觉得不对头，于是在捅伤了一个人后匆匆逃走。很快，杜帕斯就被警察抓捕归案。在审讯中，杜帕斯老实交代了所犯案件。

1980年2月28日，杜帕斯接受了审判，这一次他被判处了5年监禁。这项判决结果引起了许多人的不满，很多媒体都觉得5年的刑期对杜帕斯来说太轻了，杜帕斯应该被判处终身监禁，甚至是死刑。法官并未在意这些议论，坚持原判。

1985年，杜帕斯走出了监狱。一个月后，杜帕斯又犯下了一起强奸案。

在案发的当天晚上，他遇到了一名21岁的年轻女子，并一直尾随在她身后等待机会下手。等时机成熟后，杜帕斯直接冲过去将女子扑倒，掏出刀威胁女子并实施了强奸。之后，杜帕斯迅速离开了案发现场。受害女性报警后，杜帕斯很快就被警察抓住了。

在审讯中，杜帕斯以充满悔恨的语气对警察说："我真的感到很抱歉，我也没想到会发生这样的事情。所有的人都跟我说，我已经改好了，我也觉得如此，但没想到我还是犯了错，我只是想像个普通人那样生活。"这一次，杜帕斯被判处了12年监禁。

1987年，此时的杜帕斯正在监狱里服刑，他与一个名叫格蕾丝·麦康纳的护士相恋并结婚。格蕾丝比杜帕斯年长16岁，两人的婚姻一直维持了9年。在1996年，杜帕斯获得了出狱的机会。出狱后不久，格蕾丝就因无法忍受杜帕斯而与他离婚。离婚后，杜帕斯搬到墨尔本居住。

1997年10月4日，一名拾荒者拨打了报警电话，他在拾荒过程中发现了一具女尸。当时拾荒者正在克利福德大道附近捡铝罐，他看到角落里有一个很大的纸箱，纸箱下面似乎压着什么东西，拾荒者就好奇地掀开了纸箱，结果发现纸箱下面居然是一具残破不堪的女尸。

尸检结果显示，被害人的脖子、右眼部、右臂和腿上有许多伤口。其中脖子和右眼部的伤口应该是被钝器刺出来的，右臂和腿上的20多处伤口应该是刀具所致。最让人触目惊心的是，被害人的左胸被切割下来，并留在了现场。很快，警方就确认了被害人的身份，她名叫玛格丽特·马赫，是一个妓女。

1997年11月2日，25岁的马辛纳·哈瓦斯基没来上班。这天，马辛纳所在的公司正在召开会议，马辛纳的缺席让老板觉得很奇怪，于是就给马辛纳的男朋友打电话了解情况。

原来在 11 月 1 日这天，马辛纳独自一人去一片墓地扫墓，从那以后马辛纳就与他人失去了联系。男朋友得知马辛纳失踪后十分着急，就召集亲朋好友一起寻找马辛纳。11 月 5 日，马辛纳终于被找到了，她已经被人杀害，尸体放在了坟墓里，坟墓旁边还摆满了鲜花。

尸检结果显示，马辛纳的胸部、大腿、手臂上有多处刀伤，其中刀伤大部分分布在乳房上。根据马辛纳的伤口，法医认为她应该是在祭奠时被凶手袭击，当时马辛纳正跪在坟墓前，凶手从后面袭击了她。

很快，警方就查到了杜帕斯的头上。有目击证人说，在案发当天曾看到杜帕斯出现在墓地里。警方调查发现，杜帕斯就居住在墓地附近。由于杜帕斯之前劣迹斑斑，警方立刻将他当成重大嫌疑人抓了起来。在审讯中，杜帕斯坚持否认见过马辛纳。警方由于没有证据，只好将杜帕斯放走了。在 2002 年，杜帕斯承认了这起命案，当时他正在服刑，由于认罪又被加上了一个终身监禁。

1999 年 4 月 19 日，一个人发现了自己邻居的尸体。被害人妮可·帕特森 28 岁，是一名心理咨询师。妮可在自己家里办了一个工作室，专门为人提供心理咨询，所以她的住所经常有陌生人出入。根据邻居的反映，妮可是个热心肠的人，经常会为一些有心理困扰的人提供免费的心理咨询。

尸检结果显示，妮可身上有 20 处以上的刀伤，胸部被凶手割走，嘴巴、手腕和脚踝上都有黄色胶带的残留物。

警方在搜查妮可的住所时，发现她的手包和驾照都不见了。此外警方还发现了妮可的日记，在里面看到了杜帕斯的名字。后来警察开始查阅妮可的通话记录，发现妮可死前曾与杜帕斯频繁联系过，两人约定在 4 月 18 日晚上进行一次心理咨询。而恰恰这一天，妮可被人杀害了。这些发现让警方怀疑上了杜帕斯，他成了最大的嫌疑人。

警方在搜查杜帕斯的住所时发现了大量的证据，例如一件带血的衣服、一卷黄色胶带、一本贴着关于妮可一案报道的笔记本。关键的是，警方还找到了妮可的手包和驾照。这些物证可以充分证明杜帕斯就是杀死妮可的凶手。

2000年8月22日，杜帕斯因妮可被害案接受了审判，他被判处终身监禁，不允许假释。在监狱服刑期间，杜帕斯时不时地会交代几起悬案，于是他身上的刑罚越来越重，最后被判处了三项终身监禁，他除了死，将永远不会有机会走出监狱。

1953年7月6日，杜帕斯出生于悉尼一个普通家庭，他是家中3个孩子中最小的那一个。在他出生后不久他们一家人就离开悉尼，搬到墨尔本居住。在杜帕斯出生时，他的父母已经快40岁了。对于杜帕斯这个老来子，他们十分宠爱，给他提供了十分优渥的成长环境。

在家里杜帕斯虽然是备受宠爱的幼子，但在学校他却是被欺凌的对象。杜帕斯虽然体型高大，但性格懦弱，这让他成了同学们嘲笑的对象。在班里，杜帕斯有一个外号"帕格斯利"，这是一部电影《亚当斯一家》中的一个滑稽角色。有的同学甚至还会故意挑衅杜帕斯，将他绊倒，看着杜帕斯在地上笨拙地挣扎，一边起哄一边嘲笑杜帕斯的样子像个肥蚯蚓。

或许是因为长期的欺凌，杜帕斯在学校里的表现很糟糕，他学习成绩差，而且非常孤僻。当周围的同学都在打闹嬉戏时，杜帕斯独自一人在角落里发呆。每天上下学的路上，同学们大多结伴而行，而杜帕斯则是独来独往。

【欺凌与犯罪行为】

从某种程度上说，校园欺凌现象十分常见，不少人都曾受到同学的欺凌。导致欺凌现象出现的因素有很多，例如性格软弱的孩子很容易被同学们恶意攻击。被欺凌的经历对于每个人来说都是一种精神上的折磨，当回想起被欺凌的经历时，会引发十分强烈的创伤情绪。

不同的人在面对欺凌时的表现不一样。有的会向老师或父母求助；有的则以暴制暴；有的则将自己封闭起来，回避与同学们的交往。杜帕斯就选择将自己封闭起来，总是独来独往。

杜帕斯会成为一个残忍的连环杀手，与他所遭遇的校园欺凌是否密切相关呢？有理论认为，遭受欺凌的孩子由于内心受到了极大的伤害，所以在他们忍无可忍的时候会选择报复。的确有不少遭受欺凌的人会幻想着报复，将那些欺凌自己的人全部杀死，但他们只是想想，并不会付诸实际行动。换句话说，有许多人都经历过校园欺凌，他们或许因此而抑郁、焦虑，但并未走上犯罪道路。当然，也有像杜帕斯这样成年后向社会报复的异类。

杜帕斯对于社会来说显然是个危险人物，他不适合得到自由，他更适合监狱的生活。根据狱警的反映，杜帕斯在监狱里表现得非常好，是个模范囚犯。

至于杜帕斯的脑子里到底在幻想着怎样残忍血腥的场景，狱警就不知道了。杜帕斯十分擅长伪装，曾经负责调查杜帕斯犯下的强奸案的警察伊兰·阿姆斯特朗认为，杜帕斯看起来和普通人无异，实际上是一头披着羊皮的狼，是个吃人不吐渣的恶魔。

Criminal Psychology

将法庭当成作秀的舞台——
查尔斯·曼森

温妮是个保姆，她在好莱坞北面山谷中的一幢别墅里工作，这家女主人是个美丽的明星，名叫莎朗·塔特，莎朗的丈夫则是著名电影导演罗曼·波兰斯基。

1969年8月10日的早上，温妮像往常一样来别墅上班，她在进入别墅前看到车道上停着一辆陌生的白色汽车。温妮当时只是觉得有些奇怪，并未多想。当温妮从后门进入厨房时，发现地上有一部被剪掉电线的电话，她将电话捡起来放好，并向起居室走去，她发现房门居然开着。当温妮走过去一看，发现莎朗倒在血泊中，地上有大量血迹。温妮立刻拨打了911报警电话。

很快，救护车和警察就赶到了。不过为时已晚，莎朗与她腹中的孩子早已死亡多时。莎朗一共身中16刀，其中5处刀伤最为致命，她的颈部还缠绕着一根绳子，绳子的另一端则缠绕在另一具尸体的颈部，这名死者是个男性，名叫塞恩。起居室的墙壁上写着一个大大的"猪"字，经检验这是用死者莎朗的血写成的。

警方还在别墅前的草地上发现了两具尸体，其中一具尸体是三十多岁的富尔杰，他被凶手刺了许多刀，尸身面目全非；另一具尸体是弗兰斯基，身中28刀而死。

警方了解到，在前一天晚上，也就是8月9日，莎朗邀请几个好朋友来家中吃饭，她马上要生产了，但丈夫波兰斯基却在欧洲拍电影赶不回来，这让莎朗很失望，于是她就找来几个好朋友陪自己。谁也没想到，莎朗会和朋友都惨死在这栋别墅里。

身在欧洲的波兰斯基得知消息后，立刻赶回了加州。8月13日，莎朗和未出世的儿子保罗被安葬在家族墓地里。料理完妻儿的后事后，波兰斯基接受了媒体的采访，他希望能尽快将凶手抓捕归案。

在8月9日当晚，遇害的不只莎朗等人，在十几公里外，有一对夫妇也惨遭杀害，被害男子是加州一家大型超市连锁店的老板。与莎朗等人一样，这两名被害人也是被乱刀砍死的，其中被害男子的脖子上还插着一把餐刀。同样，案发现场有凶手用鲜血留下来的三行字："猪崽子们去死吧""起义"和"旋转滑梯"。

根据线人的举报，警方查到了一个名为"曼森家族"的邪教组织。曼森家族主要由嬉皮士组成，他们过着群居的生活，经常在一处废弃的农场活动，他们有一个领袖，名叫查尔斯·曼森。

在调查中，警方发现一名叫苏珊的女孩卷入了一起谋杀案中，而那个被杀死的人则是一名毒贩子。作为一起谋杀案的嫌疑人，苏珊被抓捕后送到洛杉矶女子监狱服刑。不久之后，监狱长接到一名女犯龙尼的报告，龙尼与苏珊同住在一个囚室里，在她们的一次闲聊中，苏珊说她曾参与谋杀莎朗等人的行动。同时，警方还在案发现场发现了苏珊丢失的刀。后经证实，这把刀是苏珊不小心丢在莎朗家的。

很快，警方就以偷车的罪名逮捕了"曼森家族"的所有人。作为"曼森家族"的领袖，曼森受到了警方的格外重视。警方通过调查发现，"曼森家族"中的三女一男在曼森的指使下，潜入莎朗家中，将莎朗等人杀死。曼森曾对他们说："将别墅里的人用最残忍的方式杀死，不能留下活口。"

那么，曼森为什么要这么做呢？他的犯罪动机是什么呢？在"曼森家族"

这个邪教组织里，曼森虽然是个说一不二的领袖，颇受成员们的崇拜，但他不甘心做一个默默无闻的领袖，他渴望能在美国引起巨大的轰动，他想让全世界的人都认识自己。于是，曼森决定挑起白人与黑人之间的争斗，专找白种人下手，然后将这几起谋杀案都栽赃到黑人的头上。

据警方了解，在莎朗等人遇害的当晚，曼森等人在杀死另一对白人夫妇后，曼森命令一名成员将一个被害人的钱包扔到黑人居住的街道上，只要有黑人捡起钱包，使用钱包里的信用卡，那么就能成功嫁祸给黑人。另外，曼森还让另一名成员将钱包藏在一个黑人经常出没的公共场所的洗手间里，目的同样是嫁祸。曼森认为只要嫁祸成功了，被冤枉的黑人就会因愤怒发起暴动。

此外，曼森会找上莎朗所居住的别墅，还有一个动机，即报复。1968年，曼森在机缘巧合之下通过一名女性追随者认识了一个做音乐的朋友，在此人的介绍下，曼森得以认识在音乐界更有地位的M。M出钱让曼森写歌录歌，曼森立刻膨胀起来，要求M等人为自己的音乐梦想服务。

M因常常被曼森骚扰，对曼森的态度十分冷淡。在曼森家族里，曼森所享受的待遇如同众星捧月一般，所以他觉得自己被M慢待了。他非常愤怒，就找了一个借口命令组织成员去M的别墅里大开杀戒。由于M当时已将别墅卖给了另一个音乐人A，A又将别墅租给了莎朗，莎朗和她的朋友就这样阴差阳错地成了刀下鬼。

接下来，长达9个多月的庭审开始了。由于该案件的影响比较大，人们都很关心这场审判。因此，整个审理过程都被摄像机录下来，凡是关心此案的美国人都可以通过电视收看审判的进程。

曼森和他3个漂亮的女信徒苏珊、莱斯莉和帕翠莎在这场审判中赚足了眼球。苏珊和帕翠莎刚满 20 岁，莱斯莉只有 18 岁，她们既年轻又漂亮，其中一个还是学校的"舞蹈皇后"。在每次出庭时，3 个女孩都会精心打扮一番，她们会面带微笑、唱着歌走进法庭。

当然，最引人注目的还属曼森，他直接将法庭当成了自己作秀的舞台。曼森在第一次出庭时，在自己的额头上弄了一个 X 形的疤痕。面对指控时，曼森说："无力为自己进行辩护，因为已经将自己判出了世界之外。"作为曼森的女信徒，对苏珊、莱斯莉和帕翠莎来说，曼森的所作所为就是神圣的，她们应该效仿，于是她们也在自己的额头处弄了一个 X 形的疤痕。

对于出庭的证人来说，他们的人身安全受到了"曼森家族"成员的威胁，有两名证人还出了意外。一名证人在自己的车里遭遇了火灾，而这场火灾极有可能是"曼森家族"的成员所为。另一名证人在夏威夷时被人暗算，吃下了一个掺着致幻剂的汉堡，他很快陷入了半昏迷的状态，只能到医院接受治疗，等清醒后，该证人表示他愿意继续出庭指认曼森等人的罪行。

曼森不仅公然藐视法官，甚至还试图跳出防护栏去袭击法官，幸好法警及时制止。在离开法庭的时候，曼森等人还一起唱了一首拉丁文歌曲。

主审结束后，最终辩护即将开始前，一名律师出事了。这名律师在周末休假的时候突然失踪了。在判决当日，律师严重腐烂的尸体被人发现。许多人纷纷猜测，这名律师应该是被"曼森家族"杀害的。

最终，曼森被判处死刑，苏珊、莱斯莉和帕翠莎被判终身监禁。在曼森等待接受死刑的时候，美国联邦最高法院却宣布废除死刑，于是高等法院自动将曼森的死刑改为终身监禁。

被关进监狱的曼森依旧嚣张无比，他向狱警要热咖啡，然后喝下咖啡吐在狱警的身上。虽然曼森是个杀人魔，本应该受到人们的唾弃，但他却有一大批疯狂的粉丝，以女粉丝居多。粉丝们常常给曼森写信，曼森每天都能收到粉丝的来信，据说曼森是美国历史上收到信件最多的囚犯。一些女粉丝一直通过写信的方式来向曼森倾诉仰慕之情，有的女粉丝甚至想要和曼森结婚，例如25岁的阿弗顿·伯顿，她在2014年与80岁的曼森结为夫妇。

19岁时，阿弗顿知道了曼森的事迹，从那以后曼森就成了她的信仰，她开始给狱中的曼森写信。似乎信件无法表达出自己对曼森的仰慕之情，阿弗顿后来还搬到了科克伦监狱附近居住，以便去监狱里探望曼森，拉近与心上人之间的距离。阿弗顿和曼森很快坠入爱河，想要结婚。两人的结婚申请得到了加州刑事局的批准。当阿弗顿的父亲得知女儿要与曼森结婚后，表示自己不会接受这场婚姻，绝对不会去参加这场婚礼。

1934年，一名年仅16岁的未婚少女凯瑟琳·马道克斯生下了曼森。曼森从未见过生父，也不知道自己的父亲是谁。凯瑟琳是个酒鬼，在她心中曼森这个儿子远没有酒重要，她甚至为了一桶啤酒将曼森送给了一名没有子女的酒吧女招待。后来凯瑟琳嫁给了一个名叫威廉·曼森的工人，曼森并未因此过上安定的生活，他的母亲依旧不靠谱，因抢劫罪被判入狱5年。

在凯瑟琳服刑期间，曼森被叔叔接走了，他与叔叔、叔母生活了一段时间。在母亲出狱后，他就离开了叔叔家，与母亲在一处废弃的旅馆内生活。

据曼森回忆，这段时光他享受到了久违的母爱，他的母亲不再那么疏远他，偶尔会给他一个拥抱。但这种亲密的母子关系并未维持多久，凯瑟琳开始觉得曼森是个累赘，她想将曼森送走，于是她开始到处物色合适的收养人家。

后来曼森被强制离开凯瑟琳，他被送到了印第安纳州特雷霍特的吉尔伯特男子学校。曼森很不喜欢这里，想尽办法逃了出去，他找到母亲，希望母亲能将他从吉尔伯特男子学校接走，却遭到了拒绝。

十二三岁时，曼森开始因为偷窃频繁出入问题少年中心。曼森第一次偷窃获得了成功，他从一家食品杂货店里偷走了一笔钱，曼森用这笔钱给自己租了一间房子。后来曼森因偷窃自行车被送到问题少年中心。由于没有监护人，曼森在问题少年中心待了一段时间，由于难以忍受性虐待，曼森就从那里逃了出来。

身无所长的曼森为了生活下去，只能去做些偷窃、抢劫的营生。于是曼森很快再次被抓住，并被送到问题少年中心。曼森和几个男孩经过努力，再一次成功逃出来。曼森从此就开始了犯罪、被抓、逃跑、再犯罪、再被抓的恶性循环。

后来，曼森与犯罪同伙因触犯法律被送到华盛顿国家培训学校。在这里，曼森被安排接受了几项测试，包括智商和人格测试。测试结果显示，曼森的文化程度虽然不高，却有很高的智商，并且具有极端的反社会倾向。

与在问题少年中心不同，在这里曼森不再会受到性虐待，他反而成了施虐者，他会性侵并虐待年龄比他小的男孩。在一次假释听证会快要开始时，曼森因对一名男孩实施性虐待而被剥夺了假释的机会。从此以后，曼森就成了培训学校里重点关注的危险人物。但很快，曼森成了这里的模范人物，他不再违反纪律，还养成了良好的生活习惯。为此曼森获得了假释，负责人相信曼森已经洗心革面，变成了一个好人。但实际上，曼森只是学会了伪装，在他眼里，社会规则和秩序根本不重要，最重要的只有他自己而已。

获得自由后，曼森认识了在医院当护工的罗莎莉，两人相处得非常愉快并结了婚，罗莎莉不久之后就怀孕了，对于曼森来说这段短暂的婚姻让他体会到了幸福的感觉。为了赚钱，曼森一边干些零活，一边偷窃。一次，曼森开着自己偷来的汽车载着罗莎莉前往洛杉矶时被警察抓住。在接受了精神病学评估后，曼森被判了5年缓刑。不久之后，曼森再次被捕，这次他被判了3年监禁，他被送到加利福尼亚的一个小岛上服刑。

曼森服刑期间，罗莎莉生下了他们的孩子。起初，罗莎莉会和曼森的母亲一起去探望曼森。后来，曼森就只能见到自己的母亲了，母亲告诉他，罗莎莉有了新欢。在一次假释听证会前，曼森企图逃跑，却没有成功，他被加了5年缓刑，假释的申请也被取消了。

1958年，在获得假释后，曼森与罗莎莉彻底分手。不久之后，曼森和一名16岁的妓女勾搭上了。随后，曼森因触犯法律再次入狱。曼森表示，他已经将监狱当成了自己的家。

在监狱中，曼森为了打发时间开始和一名因抢劫银行被捕入狱的犯人学习弹奏吉他，他想出狱后唱歌做音乐。曼森倒不是多喜欢音乐，他只是觉得唱歌弹吉他能为自己吸引一批追随者。

出狱之后，曼森果然依靠音乐才华和极具个性的人格魅力吸引了一大批年轻的追随者，这些人都被称为嬉皮士。在20世纪六七十年代，美国许多迷茫的年轻人每天在旧金山的街头流浪，借此来反对民族主义和越南战争，强烈谴责美国中产阶级的价值观，不屑于接受美国传统的宗教文化。对于嬉皮士来说，美国主流文化所奉行的物质追求是他们最厌恶的，为了追求精神上的解放，嬉皮士走上街头，与同龄人一起选择原始聚居的生活方式，而原始聚居、性解放和毒品也成了嬉皮士的标志性符号。对于年长的美国人来说，嬉皮士只是年轻人在胡闹而已。

1967年，曼森来到旧金山，开始以卖唱为生。不久之后，曼森就成功吸引到了一名年轻女子玛丽·布伦纳，玛丽成了曼森的女友以及"曼森家族"的第一个成员。当时玛丽只有23岁，在加州大学当图书管理员。

渐渐地，曼森又成功吸引了十几个年轻女孩的注意，她们都成为曼森的追随者。玛丽在曼森的说服下，不仅同意曼森的追随者搬进自己的住所，还同意与她们一起分享自己的男朋友。

随着追随者越来越多，曼森建立了一个专属于自己的信仰团体，并将这个团体称为"曼森家族",他则是这个团体的领袖。曼森和他狂热的追随者随后开始在美国各地流浪,一边流浪,一边吸引新的追随者,让"曼森家族"不断扩大。他们将一辆校巴改成嬉皮士风格,然后乘坐它四处流浪。

随着"曼森家族"的不断扩大,曼森开始有意识地对追随者们进行洗脑,从而达到控制他们的目的。曼森的法宝有三个,即演讲、性和毒品。

曼森在进行演讲的时候,会让成员们吸食一些致幻剂,然后开始发表自己的洗脑言论。在致幻剂的影响下,成员们很容易被曼森说服,甚至会疯狂迷恋曼森。"曼森家族"的成员大都是年轻漂亮的女孩,其中有许多女孩都出身优越、家境富裕,她们想要成为"曼森家族"的一员,就必须得参观曼森与其他女孩的性交,然后和曼森发生性关系。曼森还十分擅长利用女成员来拉拢男成员,例如查尔斯·沃森就是曼森最得力的狗腿子,曼森将一名漂亮的女成员赐给沃森当妻子。"曼森家族"的活动场地在一处废弃的农场,为了免费在农场居住,曼森命令一名女成员与年近八十岁的农场主发生性关系。

曼森为了钱,曾命令成员去抢劫、绑架,甚至还闹出了人命。在1969年6月,沃森接到曼森的命令,去抢劫一个毒贩。毒贩被抢了,心里很窝火,就威胁着要找人将"曼森家族"杀光。这惹恼了曼森,曼森直接开枪将其射杀。

同年7月25日,曼森命三名组织成员绑架了一个名叫辛曼的人。辛曼是曼森的熟人,曼森听说他继承了一笔遗产,就让人把辛曼绑来,让辛曼将所有的钱贡献出来。辛曼不肯将钱交出来,曼森就用匕首割掉了他一只耳朵,但辛曼还是不交钱,曼森就命人将辛曼关了三天。三天后,曼森派人将辛曼杀死。

这些谋杀案在当时并未引起警方的注意,直到曼森等人将莎朗等人杀死后,"曼森家族"才成了美国家喻户晓的邪教组织,而曼森也登上了臭名昭著的杀手榜单,成为超级疯狂的杀人魔。

【表演型人格障碍】

曼森的早年经历十分坎坷，对生父一无所知，母亲是个极其不负责的酒鬼。年幼的曼森不得不在亲戚、少管所和管制学校之间辗转。所以曼森很早就开始进出监狱，先是在少管所接受改造，然后就因为偷窃等罪名不断出入监狱。可以说，曼森就是在少管所和监狱中长大的。用曼森自己的话来说，他就是坏孩子的投射。曼森之所以能控制住一大批年轻人，让他们唯自己马首是瞻，就是因为他自己是个坏孩子，对坏孩子的心理了如指掌。

此外曼森还具有表演型人格障碍的特征。所谓表演型人格障碍，又被称为戏剧性人格障碍，主要症状是渴望引人注目，甚至会不惜以夸张的情绪来引起他人的注意，常常以自我为中心，希望周围的人都能围着他转。例如曼森将法庭当成自己作秀的舞台，以夸张的言行来吸引他人的注意。

表演型人格障碍的形成主要和一个人的基因或成长环境相关。如果一个人在儿童期被父母过分溺爱或是忽视，都有可能导致表演型人格障碍的出现。曼森从小就没有感受过家庭的温暖，对于他的母亲来说，他甚至还没一桶啤酒重要。

此外，表演型人格障碍通常还伴随着反社会倾向，如果表演型人格障碍的患者为男性，那么他就有可能会因为愤怒出现暴力倾向，或是采用暴力手段来引起人们的注意。美国的一项统计调查研究显示，2/3的表演型人格障碍者都基本达到了反社会型人格障碍的标准。例如一些反社会型人格障碍的连环杀手特别喜欢接受采访，在采访中会自豪地说出自己杀人的过程，他们似乎特别喜欢被曝光。

Criminal Psychology

师从著名导演的杀手——
罗德尼·阿尔卡拉

罗曼·波兰斯基，法国导演、编剧、制作人，2002年，凭借拍摄的剧情片《钢琴师》获得第75届奥斯卡金像奖最佳导演奖。1968年，波兰斯基在纽约大学电影学院任职，那一年电影学院招收了一个名叫罗德尼·阿尔卡拉的小伙子，他不仅相貌英俊，智商也很高，高达160，但他其实是个连环杀手，涉嫌谋杀100多名女性。后来，阿尔卡拉成为波兰斯基拍摄电影时的助手之一。波兰斯基的妻子则在1969年被美国邪教组织"曼森家族"的成员杀害。

1943年8月23日，阿尔卡拉出生于圣安东尼奥。11岁时，阿尔卡拉的父亲抛弃了家庭，从那以后他再也没有见过父亲。母亲带着阿尔卡拉和他的两个姐姐、一个兄弟搬到了洛杉矶郊区居住。

17岁时，阿尔卡拉加入美国陆军，成为一名文员。4年后，阿尔卡拉因被诊断出反社会人格障碍而被强制送进医院接受治疗。后来院方接受了医生的建议让阿尔卡拉出院。离开军队后，凭借天才级的智商，阿尔卡拉成功考入加州大学洛杉矶分校美术学院，并在1968年顺利毕业。

同年9月25日，阿尔卡拉绑架、虐待和性侵一名8岁的女孩，女孩名叫泰莉·夏皮罗，就住在洛杉矶日落大道旁。在25日这天，阿尔卡拉看到了泰莉，他将泰莉哄骗到汽车上，然后将她带到了德隆普利大街的一处公寓。这一幕被一名骑着摩托车的男子看到了，他起了疑心，就悄悄尾随在阿尔卡拉的汽车后面，当他看到阿尔卡拉将小女孩带进公寓后，立刻意识到了危险，就报了警。

接到报警电话的警察卡马乔立刻赶到了阿尔卡拉的公寓，他敲了敲门，并没有立刻得到回应。过了一会儿，卡马乔听到屋里一个男声说："请等一会儿好吗？我正在洗澡，光着身子实在不方便开门。"卡马乔立刻觉得不对，就警告该男子立刻将门打开，最后他采取强制手段将房门打开。

映入卡马乔眼帘的是一幕非常血腥的场景，客厅的地板上躺着一个小女孩，她下身赤裸、双腿张开、身上布满伤痕、头上都是血，身旁有一根铁棍。此外，屋内全是血液喷溅和拖拽留下的痕迹。卡马乔立刻上前查看小女孩的状况，所幸小女孩尚存一丝气息。卡马乔立刻与总部联系，并将小女孩送到医院抢救。阿尔卡拉则趁此机会从窗户逃走了。

泰莉在经过抢救后终于保住了性命。据泰莉回忆，当她被阿尔卡拉骗到公寓后，就被铁棍击昏了。显然，随后泰莉遭受了性侵和折磨。

很快，针对阿尔卡拉的逮捕令发出了。阿尔卡拉从洛杉矶逃到了纽约。到了纽约后，阿尔卡拉摇身一变成了约翰·伯格，他报考了纽约大学电影学院，开始跟随著名导演波兰斯基学习。他还利用暑假，在新罕布什尔州的一家艺术与戏剧训练营当顾问，教孩子如何拍电影，每天会接待许多前来接受训练的孩子。

1971年，阿尔卡拉登上了FBI发布的十大通缉犯名单。几个月后，警方接到两名露营者的报案，在训练营抓住了阿尔卡拉。随后，阿尔卡拉被带回洛杉矶。

此时被害人泰莉和父母早就离开了洛杉矶，她的父母一直在帮助女儿尽快恢复正常的生活，在泰莉养好伤后就送她去上学，并且还多次带泰莉去看心理医生。当泰莉的父母得知阿尔卡拉被抓住后，对警方表示他们不希望女儿出庭指证，他们担心泰莉会因此受到二次伤害。这样，检方因没有充足的证据指控阿尔卡拉犯有强奸罪，只能以较轻的伤害罪起诉阿尔卡拉，阿尔卡拉则在监狱里待了34个月，就获得了假释。

在阿尔卡拉因多起谋杀罪被起诉时，泰莉已经42岁了，她作为证人之一出现在法庭上指认、控诉当年阿尔卡拉犯下的罪行。

出狱后不到两个月，阿尔卡拉再次入狱。警方接到报案，有人看到阿尔卡拉带着一名13岁的女孩在加州的海滩上出现，他还向女孩提供了大麻。于是阿尔卡拉再次被捕，这一次他的罪名是违反假释条例及向未成年人提供毒品，他被判处无限期监禁。无限期监禁与终身监禁不同，在监狱里待了两年后，阿尔卡拉被提前放出监狱，因为他是监狱里的模范犯人，有悔改表现，因此获得了假释，他还可以离开加州，到纽约探亲。

凭借出色的工作能力和社交能力，阿尔卡拉尽管有犯罪前科，还是在《纽约时报》找了一份工作，私下里他以摄影师的名义和许多年轻漂亮、追逐潮流的女孩在一起，也就是从那时起纽约相继出现了多起女性被虐致死的案件。

警方将一些案件归结到连环杀手"山姆之子"的身上。从1976年夏天起，纽约开始出现多起年轻情侣枪击案。在一起枪击案的现场，凶手给警方留下了一封信，信中凶手自称是"山姆之子"。接二连三的枪击案，使纽约陷入了恐慌之中，所有人都担心凶手的枪口会瞄准自己。警察们也很紧张，毕竟"山姆之子"一直在犯案，而警方根本无法将其抓捕，这对警察们来说无疑是令人窝火的挑衅。

1977年夏天，夜店"西罗"的继承人艾琳·哈弗失踪了。当时"山姆之子"的连环命案闹得沸沸扬扬，警方认为艾琳极有可能被"山姆之子"绑架了。但很快，"山姆之子"的嫌疑就被排除了。首先"山姆之子"的作案具有一定的特点，专找深夜约会的年轻情侣，然后进行射击。其次，警方在艾琳的日记上发现了一条关键线索。在她失踪的当天日历上写着一个潦草的名字——

约翰·伯格，艾琳的失踪与这个名叫约翰·伯格的男子一定密切相关。

艾琳的父亲很担心女儿的安全。艾琳刚刚大学毕业，心思单纯，容易轻信一个人。为了征集女儿失踪的线索，艾琳的父亲在《纽约时报》上刊登了艾琳失踪的广告，希望知情人能与他联系。同时，艾琳的父亲还雇用了私家侦探，寻找一个名叫约翰·伯格且扎着马尾辫的摄影师。

一年之后，艾琳这位富家千金的尸体被找到了，就埋在纽约州威切斯特县的洛克菲勒庄园，这里距离艾琳家的周末休假别墅很近，只有十分钟的车程。杀死艾琳的凶手极有可能是阿尔卡拉，艾琳失踪时他正好在纽约，而且他用过约翰·伯格这个名字，留着长发，经常扎着马尾辫，以摄影师的身份接近年轻女孩。在艾琳失踪后不久，阿尔卡拉就悄悄离开纽约，回到洛杉矶，开始使用本名。

来到洛杉矶后，阿尔卡拉在《洛杉矶时报》报社找了一份打字员的工作。当时洛杉矶因"山腰绞杀手"（一对堂兄弟绑架、强奸、虐杀12名少女，并将被害人的尸体丢弃在山腰，因此被称为"山腰绞杀手"）连环命案闹得人心惶惶，阿尔卡拉还参与报道了这起著名的连环命案。

在洛杉矶，阿尔卡拉依旧以摄影师的身份诱骗了许多年轻女孩拍写真，而他所拍摄照片上的女孩大都失踪了，有的被警方找到了尸体。由于阿尔卡拉作案高峰期内，洛杉矶正值"山腰绞杀手"和"高速公路杀手"威廉·乔治·博宁猖獗之时，不少被阿尔卡拉杀死的女孩都归结到了这三名连环杀手的头上，阿尔卡拉也因此屡屡摆脱了警方的调查。

1977年11月10日，有人在好莱坞山上发现了一具女尸，尸体的腿蜷曲在胸前，膝盖几乎挨住了胸部，看起来就好像蜷缩成了在母体中的胎儿的样子。这名死者是18岁的吉尔·巴克姆。尸检结果显示，吉尔生前遭受了毒打和性侵，最后被凶手扼死，在她的胸部还有凶手留下的三处咬痕。

许多人都以为吉尔是被"山腰绞杀手"杀死的，当地人十分害怕，不敢出门，当天本来应该播放的一场电影首映也因此被迫取消。警方为了寻找破案线索，只能挨家挨户地敲门询问，但并未搜集到有价值的线索。

到了12月中旬，美国联邦调查局因艾琳失踪的案子找到了阿尔卡拉。阿尔卡拉坚决否认自己认识艾琳，FBI只是怀疑他，并没有充足的证据，只能将阿尔卡拉放走。

12月26日，一名来自加州圣莫尼卡县的27岁护士乔治娅·威克斯蒂德被发现死在了自己的公寓中。被发现时，乔治娅全身赤裸，有殴打和性侵的迹象，在尸体旁还有一把锤子。在案发现场，警方找到了两种血型，除了乔治娅的血型外，另一种血型就是阿尔卡拉的。

1978年6月24日，一栋公寓的管理员在洗衣间发现了一具女尸，死者是32岁的夏洛特·兰姆，阿尔卡拉将夏洛特强奸后勒死。

1978年9月13日，阿尔卡拉应邀参加了一档火爆的相亲节目《约会游戏》。在《约会游戏》中，女嘉宾需要在看不见男嘉宾的情况下，向男嘉宾问些问题，然后实施配对。这档相亲节目从播出起就深受人们的喜爱，除了男嘉宾外，里面也会安插一些男明星，例如迈克·杰克逊、施瓦辛格等。

阿尔卡拉的介绍词十分吸引人，他是个成功的摄影师，毕业于加州大学洛杉矶分校艺术系，13岁时就凭借自己的能力建造了一个设备齐全的暗室。阿尔卡拉有许多健康的兴趣爱好，例如跳伞、骑摩托车等。实际上，阿尔卡拉曾因性侵、伤害他人等罪名而两次入狱，当时的他甚至还在假释之中。

最终，阿尔卡拉成功打败所有的男嘉宾，获得了女嘉宾谢里尔·布拉德肖的青睐。之后，阿尔卡拉就和布拉德肖在节目中谈起了恋爱，他们表现得非常亲昵，像所有普通的情侣一样。但布拉德肖并未将阿尔卡拉当成自己的男友，在阿尔卡拉向她发出约会邀请的时候，她拒绝了。

在布拉德肖看来，虽然阿尔卡拉表现得那样风趣，但直觉告诉她，这是一个很危险的男人，她不应该单独与他出去约会。当阿尔卡拉提出想要和布拉德肖度过一个不一样的夜晚时，布拉德肖不仅没觉得浪漫，反而恐惧得起了鸡皮疙瘩。坐在阿尔卡拉身旁的二号男嘉宾对阿尔卡拉的印象也不好，他觉得阿尔卡拉说不出的古怪，总有一些奇怪的想法。

1979年年初，阿尔卡拉因为袭击罪被警方逮捕，一名15岁的女孩在遭受阿尔卡拉袭击的时候成功逃脱并向警方报案。但只过了一天，阿尔卡拉就被保释了，他的母亲用了一万美元帮助他重获自由。

5个月后，21岁的女计算机操作员吉尔·帕兰图在自己的公寓里被人杀害，尸体被枕头支撑着，全身赤裸。警方在案发现场发现了百叶窗被撬开的痕迹，凶手从百叶窗闯入了吉尔的公寓内，然后强奸并杀死了她。

1979年6月20日，12岁的女孩罗宾·萨姆索在骑着车去上芭蕾课的路上与学校、家人失去了联系。12天后，园林工人在洛杉矶的一处山麓发现了一具已经腐烂的儿童尸体，经证实死者正是失踪的萨姆索。由于天气炎热，尸体腐烂得严重，警方无法判断萨姆索是否遭受了性侵。

警方从萨姆索的朋友那里了解到，在萨姆索失踪的当天，她们曾在一处海滩玩耍，当时一个陌生男子走过来搭讪。根据萨姆索朋友的描述，警方绘制出了这名男子的素描像。当一名假释官看到素描像后，立刻联想起了阿尔卡拉。

警方立刻展开搜查工作，在阿尔卡拉母亲的住所发现了一张存包柜收据，根据这张收据，警方找到了阿尔卡拉租用过的一个储物柜，并在里面发现了萨姆索的一个耳环。种种迹象显示，阿尔卡拉有重大嫌疑，于是警方便控制住了阿尔卡拉。

后来警方在搜查阿尔卡拉在华盛顿的一处私人仓库时，发现了上千张女性照片，这些照片中的女性有的穿着喇叭裤，有的穿着比基尼，有的穿着花衬衫、戴着嬉皮士风格的项链并抽着烟，还有化着浓妆的裸女。

1980年，阿尔卡拉被指控谋杀萨姆索。在开庭时，阿尔卡拉独自一人出现在法庭上，他没有请辩护律师，他选择为自己辩护。庭审期间，阿尔卡拉表现得镇定自若，一点儿也没有惶恐不安的情绪，甚至还能做到谈笑风生。尽管如此，阿尔卡拉还是因谋杀罪名成立，被判处死刑。

最终这一判决结果被加州最高法院推翻，最高法院认为在阿尔卡拉受审期间，警方的操作不当，例如提前告诉陪审团阿尔卡拉曾有强奸的案底，这样会影响陪审团做出公正的判决。

之后警方一直不停地搜集证据，并在1984年对阿尔卡拉进行起诉，地方法院再次判处阿尔卡拉死刑。在执行死刑前，阿尔卡拉一直不停地上诉，他坚称证据不够充分，甚至还自费出版了一本书《你，陪审团》以证明自己的清白，于是死刑一直没有执行。

2001年，阿尔卡拉再次被起诉，他还是被判处了死刑。但这次的死刑被美国第九巡回上诉法院给推翻了，因为上诉法院认为警方对证人进行了误导性催眠，证人的证词并不可信。

2003年，加州通过了一项新法案，即警方有权强制获得被逮捕嫌犯的DNA样本。于是警方强制从阿尔卡拉的口腔中提取了DNA样本，并拿去进行比对。比对结果显示，阿尔卡拉至少要对五起谋杀案负责，因为警方在性侵、谋杀案现场发现了精液，DNA比对结果显示，这些精液是阿尔卡拉留下来的。于是，警方再次对阿尔卡拉提起诉讼，这回除了萨姆索的命案外，阿尔卡拉还涉嫌另外 4 起谋杀案。

2006 年，加州最高法院决定将这 5 起谋杀案一并审理，并将开庭时间定在了 2010 年 2 月。在法庭上，阿尔卡拉的表现很优秀，不仅能有理有据地为自己辩护，还在最后陈词的时候唱起了《爱丽丝旅馆》。不论阿尔卡拉如何巧舌如簧，都无法否定警方所提供的 DNA 铁证。在第三次庭审后，67 岁的阿尔卡拉被判处死刑。随后，阿尔卡拉便被关押在加州的圣昆廷监狱中，一边等待死刑，一边利用漫长的上诉程序为自己争取更多的时间。

除了警方掌握证据的 5 起谋杀案外，警方怀疑惨遭阿尔卡拉毒手的女性远远不止这几个，他很可能一共杀害了 130 余名女性。由于这些案件的时间太长，证据没有保留，而且当时 DNA 检测也没有得到普及，这些案件就永远成为悬案了。

2010 年 4 月，纽约警方公布了 215 张阿尔卡拉拍摄的照片，希望有人能从中认出尚未被确定的被害人，从而帮助警方破解悬案。

【膨胀的自我】

阿尔卡拉在参与《约会游戏》节目后,杀死了罗宾·萨姆索和至少另外两名女性,而被女嘉宾布拉德肖拒绝极有可能是个诱发因素。

对于正常人来说,被人拒绝心里固然会觉得不好受,但会很快接受,毕竟被人拒绝是很常见的,我们每个人都有一个常识,即要尊重他人的意愿,但对于像阿尔卡拉这样的变态连环杀手来说,他不懂得尊重,他需要的只是臣服。对方的拒绝,哪怕是和自己有不一致的意见都会让他感觉受到威胁。对于阿尔卡拉来说,他不明白布拉德肖拒绝的意思,在他看来布拉德肖就是在玩弄自己。他无法忍受这种侮辱,为了发泄愤怒,阿尔卡拉会迅速地找其他无辜女性下手。

对于阿尔卡拉来说,他自己就是一个全能般的存在,因此他才会拒绝辩护律师,在法庭上为自己进行辩护。他对自我的认识与正常人不一样,他的自我认识是膨胀的,所以总会给人一种非常傲慢、颐指气使的感觉。对于阿尔卡拉来说,膨胀的自我让他无法忍受批评和被拒绝,不然他就会变得十分愤怒,轻者言语攻击对方,重者进行暴力的身体攻击,甚至会将对方杀死。正常人不会轻易被激怒,例如日常生活中被人拒绝,但对于像阿尔卡拉这样的连环杀手来说,他不仅会轻易被激怒,而且他的愤怒会带来灾难性的后果。

Criminal Psychology

打着石膏诱杀年轻女人——
泰德·邦迪

琳达·希利来自一个上层中产阶级家庭，就读于西雅图华盛顿大学心理学专业，她在电台找了一份播音员的兼职，每天早上都得早起去电台上班，她主要负责播报天气预报。1974年2月1日，琳达没有按时到电台上班，电台负责人为了了解情况就给琳达的住所打电话。接电话的是琳达的室友，她说琳达没有在家，应该正在去工作的路上。室友虽然这样说，心里却充满了疑惑，根据她对琳达的了解，琳达每天早上会将闹铃关掉，然后开始准备去上班，但今天早晨琳达房间里的闹铃却一直响个不停，将她吵得无法入睡，只能来琳达房间里将闹钟关掉。

到了晚上，琳达的父母将电话打到了琳达室友那里，他们说琳达与他们约好一起吃晚饭，却一直没有出现。这时，所有人才意识到琳达可能出事了，于是就向警方报了案。

琳达的父母与警察一起来到了琳达的房间。琳达的房间显得很整齐，但琳达的母亲却坚称这不是琳达整理的，她怀疑有陌生人进入了琳达的房间。

警方在搜查琳达的房间时，发现一个枕头上有鲜血，而且床罩和另一个枕头都不见了。在琳达的衣橱里，警方找到了更多的疑点，琳达的一些衣服不见了，睡衣的领口上有一道被勒出的血痕。

警方怀疑，有陌生人在夜间闯入了琳达的房间，将睡梦中的琳达给击昏，然后趁着琳达昏迷之际，脱掉琳达的睡衣，给她换上了一身外穿的衣服，然后将床铺打理整齐，最后用床罩裹着琳达离开了。除了琳达的血迹外，警方没有发现任何线索。袭击者没有留下指纹和毛发，甚至连目击者都没有。

警方通过调查发现，琳达在失踪的前一晚和几个朋友吃过晚饭后一起到校园附近的丹特酒吧。琳达回来后，就与室友一起看电视，还给男朋友打了个电话。根据琳达朋友和同学的反映，琳达从来不会与人发生不愉快，她是个很亲切、活跃的人，经常为一些智力障碍儿童提供帮助和进行心理治疗。

起初，警方只觉得琳达失踪案是一起十分普通的失踪案件，但没想到却是一系列年轻女孩失踪案件的开始，在接下来的几个月内，西雅图开始频发年轻女孩失踪案。失踪的女孩有一些共同点：白人、独自居住、身材好、留着长头发、消失的时间都是晚上。

1974年3月12日，19岁的女大学生唐娜·菲尔·曼森在去听音乐会的路上失踪了。警方没有找到任何线索，也没有发现唐娜的尸体。

4月17日，女大学生苏珊·兰考特失踪了。警方了解到，苏珊是在去看一个德语电影的时候失踪了，苏珊会一点儿防身术，如果有人想绑走苏珊，应该会很困难。

5月6日，罗贝塔·帕克斯在晚上散步的时候失踪了。

6月1日，布兰达·鲍尔在一个名叫西雅图火焰的酒吧里与一个陌生男子一起离开后就失踪了。

由于失踪者几乎都是大学生，警方就开始在校园里进行调查，希望有目击者能够提供嫌疑人特征。有几个女大学生告诉警方，她们曾看到过一个很奇怪的男人，他手上和腿上打着石膏，一只手上有许多书，有时他的书会掉落在地上，请求女学生帮助他。虽然这个男子很年轻，而且长相英俊、衣着考究，但这几个女学生却觉得他很可怕，于是并未帮助他，就匆匆离开了。

此外，警方还接到一个目击者的报案，他曾在停车场附近看到过一个手上绑着石膏的男人，他在请求别人帮助他启动他那辆甲壳虫汽车。就在这座停车场附近，曾经有两名女孩离奇失踪。

1974年8月，有人在瑟马米什湖公园发现了一些人类的残骸，有5根大腿骨，两个头骨和一块下颌骨，还有一些不同颜色的头发。经证实，这些残骸属于两名失踪女学生，分别是简尼斯·奥特和丹尼斯·纳斯兰德，她们在7月14日失踪。

有目击者告诉警方，他曾在湖边野炊的时候看到过简尼斯，当时简尼斯正在和一个年轻英俊的男人说话，那个男人手上打着石膏，请求简尼斯帮他将小船弄到车上。简尼斯答应帮忙，然后就失踪了。此外目击者还听到那个男人说自己叫泰德。

丹尼斯也是在湖边失踪的，那天丹尼斯正好与朋友们在湖边聚会，后来她去了趟洗手间，之后就失踪了。目击者告诉警方，在丹尼斯失踪地点附近，也曾出现过一个手上绑着石膏的年轻男子请求女孩们的帮助，几个女孩并没有帮助他。丹尼斯是个乐于为他人提供帮助的人，她应该好心帮助了绑着石膏的男子。

警方将手中所掌握的线索在报纸上公之于众，希望有人能主动提供线索。不久之后，警察局接到一个电话，打电话的人说她怀疑凶手就是泰德·邦迪，因为他有一辆甲壳虫汽车。

从1974年9月起，西雅图的警方没有再接到女性失踪的报案，只是时不时地会接到一些发现不明尸骨的报案。不过西雅图附近的盐湖城却开始频发女子失踪案。

1974年10月18日，17岁少女梅莉莎·史密斯失踪了。梅莉莎的父亲路易斯·史密斯是州警察局局长，他总是向女儿进行安全教育，甚至会讲一些案件给女儿听，但他最担心的事情还是发生了。

9天后，有人在荒野发现了一具女尸，经证实死者正是失踪的梅莉莎。尸检报告显示，梅莉莎的头部受到了钝器的撞击，颈部有勒痕，生前曾遭受强奸。让法医觉得奇怪的是，梅莉莎的面部显得很整洁，甚至还被化了妆。警方推测，这应该是凶手所为，凶手将梅莉莎绑走后，并未马上杀死她，而是将梅莉莎关了起来，趁着梅莉莎昏迷的时候，给她化妆和实施性侵。

10月31日，又有一名少女在夜间失踪，她名叫劳拉·艾米，17岁，在失踪前去参加一个化装舞会，在舞会结束后劳拉就回家了，从那以后再也没人见过劳拉，直到一个月后劳拉的尸体被发现。

劳拉的尸体在瓦萨奇山脉的一条河边被发现。尸检结果显示，劳拉的头部受到了钝器的撞击，生前曾遭受了强奸。劳拉的头发十分干净，像是刚被洗过，警方认为这应该是凶手所为。由于尸体发现地的血迹很少，警方怀疑劳拉应该是在其他地方被人杀害，然后尸体被转移到了这里。由于这两起案件十分相似，警方认为凶手应该是同一个人。

一时间，盐湖城的女性都变得恐慌起来，而西雅图的警方神经也紧绷着，人们都担心凶手会再次作案。

11月8日，盐湖城的警察局来了一名女子，她显得很恐慌，手上还挂着手铐，等她慢慢平静下来后，开始向警察讲述自己刚刚经历的一段恐怖遭遇。

女子名叫卡罗·德洛克，18岁，在一家书店里遇到了一个年轻英俊的男子。男子对卡罗说，她的车好像被人动过了，希望卡罗能和他到停车场看看。卡罗以为男子是商业区的警卫，就跟着他走了。

在去往停车场的途中，男子对卡罗说，他是个警察，名叫罗斯·兰德。

来到停车场后，卡罗开始检查自己的车，但没发现有什么东西丢了。就在卡罗准备离开的时候，男子却强制要卡罗和他去趟警察局，他说卡罗得填写一份报告。说着男子就将卡罗拽到了一辆甲壳虫汽车旁边，这时卡罗开始怀疑，要求看男子的证件，男子只拿出一枚警徽在卡罗面前晃了晃，然后就将卡罗推上了车。

当车行驶了一段时间后，卡罗发现方向不对，她开始害怕起来。就在这时，男子将车停了下来，给卡罗戴了一副手铐。卡罗拼命地反抗和呼救，慌乱之中卡罗将车门撞开，她直接倒在了地上。这时，男子拿起一根铁棍向卡罗打了过来，卡罗情急之下朝着男子的胯下踢了一脚，然后拼命沿着公路奔跑。恰巧这时有一辆车停了下来，车里有一对夫妇，他们怀疑卡罗遭遇了不幸，卡罗立刻上车，并要求他们将她送到警察局。

警察在听完了卡罗的遭遇后，表示警察局根本没有罗斯·兰德这个人。后来警察在卡罗的指引下来到了案发现场，那名男子早已不见了。此外警方还从卡罗的外衣上提取到了那名袭击者的血样，是 O 型血。

就在卡罗遇袭的当天晚上，黛比·肯特失踪了。在失踪前，黛比正和父母一起坐在佛蒙特高中的体育馆里看演出。黛比在演出结束前就离开去接打保龄球的弟弟，之后黛比就失踪了。黛比的父母来到停车场后发现黛比的车还停在那里，黛比却不见了，于是就报了警。警方赶到后立刻开始搜查停车场，结果只找到了一把钥匙，很像手铐钥匙。后来一名警察用这把钥匙打开了铐在卡罗手上的手铐，显然袭击卡罗的人绑走了黛比。

警方从一个节目的导演那里了解到，在演出开始前，她曾在停车场遇到一个年轻英俊的男子，男子十分礼貌地请求她帮一个忙。当时导演很忙就没答应，同时她感觉这个男人很奇怪，让人觉得恐惧。在演出开始后，导演再次看到了这名男子，他就安静地坐在后排。

1975年1月12日的凌晨时分，警方又接到了一起失踪报案。失踪者名叫卡伦·坎贝尔，与丈夫、孩子来科罗拉多旅行。晚上，卡伦独自一人去房间取一本杂志，丈夫和孩子就在酒店的休息室等她回来。他们等了很久，都不见卡伦回来，于是就返回房间查看，结果发现卡伦根本没回来过。

一个多月后，卡伦的尸体在距离酒店几千米的一条小路边被发现。尸检结果显示，卡伦的头部曾受到钝器的反复击打，一颗牙齿被打掉，死前卡伦曾遭受过强奸。

1975年3月，警方接到报案，有人在一座山上发现了人类的头颅。后来死者的身份得到确认，是失踪女性之一。为了寻找线索，警方增派了大量警力对这座大山进行了仔细的搜查，结果发现了3个人类头颅，都属于失踪女性。

警方只在这座山上搜查到了被害人的头骨，并没有发现颈椎的骨骼。这说明，这里并不是凶杀现场，凶手在其他地方将人杀死然后砍下头颅，将头颅丢弃在这座山上。因为如果凶手是在这座山上砍下了死者的头颅，那么一定会遗留下一些颈椎碎骨。

3月15日，朱莉·卡宁海姆在去往酒吧的路上失踪。

4月15日，梅兰妮·科莉在骑车外出时失踪。8天后，梅兰妮的尸体被发现，她的头部遭受了重击，下身的牛仔裤被拉到了脚腕处。

7月1日，一个名叫雪莉·罗伯森的女孩失踪了。一个月后，雪莉的尸体在一个废弃的矿坑里被人发现。

盐湖城女性的噩梦在8月份才得以终止，因为制造这一系列凶杀案的连环杀手被一名交警抓住了，他就是泰德·邦迪，一个完全不符合人们想象中罪犯形象的连环杀手，他不仅相貌英俊，深受女孩欢迎，其他方面也很正常。

在 8 月 16 日这天，鲍勃·海沃德像往常一样在盐湖城外进行巡逻，他看到了一辆陌生的甲壳虫汽车。鲍勃在这一带工作了很长时间，对附近居民所驾驶的汽车都很熟悉，他从来没见过这辆甲壳虫汽车，于是鲍勃将车灯打开想要看清甲壳虫汽车的车牌。结果那辆汽车却突然加速行驶，这让鲍勃起了疑心，于是立刻追上去。

过了两个红绿灯后，甲壳虫汽车终于在一个加油站旁停了下来。鲍勃停好车后走下来查看甲壳虫汽车司机的证件，驾照上显示司机名叫泰德·邦迪。

随后，有两名警察赶来，开始搜查邦迪的车，结果发现了很多可疑的东西，例如一把撬棍、一个用剪开的长袜做成的面具、绳子、手铐、电线和一个冰袋。最后邦迪以涉嫌入室盗窃被警察带走了。

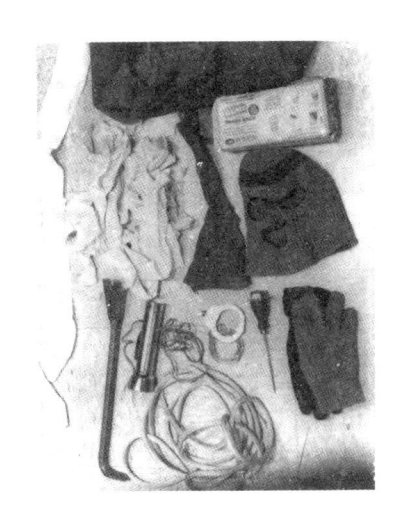

邦迪车里的那副手铐，让警方联想起了卡罗被袭击后来报案时身上的手铐。警方开始怀疑邦迪就是袭击卡罗，差点将卡罗杀死的人。由于卡罗袭击案与黛比失踪案发生在同一天晚上，警方不得不怀疑邦迪就是绑走黛比的人。10月2日，警方安排卡罗和几个目击者对邦迪进行辨认，结果她们一眼就从一排嫌疑人中认出了邦迪。

1976年2月23日，邦迪以试图绑架卡罗的罪名被起诉。虽然警方怀疑邦迪就是那个他们一直在寻找的连环杀手，但他们没有证据。在法庭上，面对卡罗的指认时，邦迪表现得十分镇定，他坚决认为卡罗认错人了。但甲壳虫汽车上的可疑物品和卡罗上衣上的血迹都是证据，最后他以绑架罪被送到监狱，他被判了15年监禁，有申请假释的机会。

虽然邦迪被送进了监狱，但警方依旧没有放弃搜集证据。在邦迪的甲壳虫轿车里，警方发现了女性的头发，与梅莉莎和卡伦的头发特征一致。此外警方还发现邦迪车上的撬棍正好与卡伦头上的钝器伤痕相吻合。1976年1月22日，警方以涉嫌杀害卡伦的罪名起诉邦迪。

这一次，邦迪决定自己为自己辩护。上次邦迪因绑架案被定罪的时候就非常意外，他将这一切都归结到律师身上。邦迪以查阅资料为由获得了去图书馆的机会，这座图书馆位于监狱外，警戒十分松懈，邦迪在进入图书馆后通常会请求警察将他的手铐或脚镣去掉。6月7日，邦迪瞅准机会从窗户跳出，逃了出去。

看守的警察很快就发现邦迪不见了，于是一场大追捕开始了，警方出动了150多人，还带上了警犬。邦迪很狡猾，他只在晚上出来，有时去垃圾桶找吃的，有时去附近林地的露营地偷些东西吃。

后来邦迪偷走了一辆车，他本以为自己可以自由了，却在路上被警察抓住了。这一次邦迪被戴上了手铐和脚镣，尽管如此他还是想要越狱逃走。

邦迪注意到监牢的天花板有个隔层，只能容下一个身形消瘦的人，于是他开始减肥，将体重减掉了将近50磅。12月30日，由于新年快要到来，狱警们的戒备工作不再那么严格，邦迪偷偷爬进了天花板的隔层，他找到了一个出口，这个出口正好通向一个狱警的壁橱。邦迪等狱警离开后，就爬到壁橱里，换了一身狱警的衣服光明正大地走出了监狱的大门。

15个小时后，狱警才发现邦迪不见了。此时的邦迪已经坐上了开往芝加哥的长途汽车，他的目的地是佛罗里达。

恢复自由后的邦迪开始疯狂作案，他潜入女生宿舍，疯狂地攻击和强奸女学生，然后将她们都杀死。与以往的作案不同，邦迪不再花精力去处理案发现场。

1978年2月15日晚上，佛罗里达潘斯克拉地区的巡警大卫·李在工作的时候发现了一辆陌生的橘红色甲壳虫汽车，就记下车牌，给警察局打电话确认。当大卫得知这辆甲壳虫汽车已经失窃后，就追上了它。

邦迪发现有巡警追他，就加快了速度。最后邦迪将车停下来，他一走下车，大卫就准备将他铐住，这时邦迪突然发动攻击，与大卫厮打起来，在此期间邦迪挣脱了大卫的控制，立刻跑掉了。大卫直接掏出手枪朝邦迪射击，被击中的邦迪倒在地上。

在确认了邦迪的身份后，警方将邦迪送进了监狱。这一次邦迪面临着至少两项谋杀罪名的审判。在法庭上，警方提供了一份非常关键的证据，一名被害人身上的牙印与邦迪的牙印完全吻合。最后邦迪被判处死刑，不过他一直不停地上诉，一直拖了十年之久才被送上电椅。

1989年1月24日，邦迪在6个警察的押送下走出了自己的牢房，他被送进行刑室，并被捆在电椅上。7点15分，3个警察分别拉下了不同的电闸，邦迪在抽搐了一会儿后死去。

邦迪出生于1946年11月24日，那时他的母亲还很年轻，没有结婚，在单身母亲收容所里生下了邦迪。邦迪的父亲是个退役空军军人，邦迪从来没见过他。

邦迪出生后不久，就被母亲带着回到了费城。从那以后，外祖父母成了邦迪的父母，母亲则成了他的姐姐。在邦迪的印象中，外祖父母为他营造了一个良好的成长环境，他从未受过虐待。当时邦迪还很小，对这段早期经历没什么记忆。根据周围人的反映，邦迪的外祖父是个脾气很暴躁的男人，有时还会家暴。外祖母对邦迪的态度非常冷淡，似乎不怎么喜欢邦迪。

4岁时，邦迪跟随母亲搬到华盛顿州的一个港口城市居住。在这里，母亲不仅有了稳定的工作，还开始了一段婚姻。继父乔尼一直试图与邦迪建立亲密的父子关系，但邦迪却一直不肯接受继父，他总是独自一个人待着。在邦迪的心中，外祖父母才是他的父母。

后来，邦迪的母亲先后生下了4个孩子。邦迪小时候经常帮母亲照看4个弟妹，他与弟妹的关系都不错。虽然邦迪的身份在这个家里有些尴尬，但母亲和继父对邦迪一直很关心。

在学校里，邦迪是个害羞又缺乏自信的人。在上高中以前，邦迪的学习成绩一直不错，是班里的优秀学生。进入高中后，邦迪的学习成绩开始下滑，他从一个优秀学生变成了一个普通的高中生。

与许多普通人一样，邦迪的早期人生经历一直顺风顺水，没有遭遇什么大的创伤或挫折。但邦迪一直对自己的生活感到不满，他渴望成为有钱人，或是被有钱人收养。

进入西雅图的华盛顿大学后，邦迪遇到了一个漂亮的富家千金斯蒂芬妮·布鲁克斯。由于邦迪和斯蒂芬妮都喜欢滑雪，他们发展成了男女朋友的关系。表面上，邦迪是个成绩优秀的学生，还有一个漂亮的女朋友。但实际上，邦迪却有个见不得人的嗜好，他喜欢偷窥女性，而且欲罢不能。

大学毕业后，斯蒂芬妮就想与邦迪分手。在斯蒂芬妮看来，邦迪不是个好丈夫的人选，她觉得邦迪不会取得什么成就。斯蒂芬妮委婉地提出，她要到旧金山学习。结果邦迪直接申请到旧金山斯坦福大学学习，于是邦迪和斯蒂芬妮来到了旧金山。

在旧金山，斯蒂芬妮还是提出了分手。这次的分手给邦迪带来了巨大的打击，他开始无心学习，最终沦落到了功课不及格的地步。失恋以后，邦迪过上了四处游荡的生活。

后来邦迪来到了自己出生的佛蒙特州，他在整理东西时无意中看到了自己的出生证明。这时邦迪才知道自己的"姐姐"原来是他的母亲。或许是这个身世秘密太过刺激，让邦迪心中埋下了怨恨的种子。

最终邦迪在西雅图定居，他在这里租了间屋子，还找了份工作。稳定下来后，邦迪就开始到处偷东西。此外邦迪还很喜欢看暴力色情的电影和侦探文学作品。

1968年，邦迪在一个高中同学的介绍下，与共和党政客弗莱彻相识。弗莱彻觉得邦迪是个聪明能干的年轻人，就邀请邦迪在自己手下工作。后来弗莱彻竞选失败了，邦迪只好重新找工作。

邦迪找了一份销售的工作，凭借英俊的外表和幽默的谈吐，邦迪得到了许多女顾客的喜爱，成功卖出了许多东西。

不久之后，邦迪结婚了，他的妻子虽然离过婚还有一个女儿，但却漂亮而富有。在妻子的支持下，邦迪重返校园读书，他开始攻读心理学。在校期间，邦迪深受教授喜爱，还曾救过落水儿童。

毕业后，邦迪想继续深造，就向法学院提交了申请。由于申请没通过，邦迪只能暂时在一家医院里做心理顾问。根据病人们的反映，邦迪有一副和善面孔和一副冷酷的面孔，经常会辱骂和威胁病人。

1969年，邦迪一边申请进入法律学校，一边积极地参与共和党的选举活动。政治活动让邦迪认识了州长，他很快成为州长的心腹。州长参加竞选时，邦迪出了不少主意。在州长成功连任后，就给邦迪介绍了一份在西雅图市犯罪预防委员会的工作。

1973年，邦迪在州长的推荐下成为加州共和党主席的竞选助理。在一次共和党会议上，邦迪与初恋情人斯蒂芬妮相遇。此时的邦迪自信又成熟，成功引起了斯蒂芬妮的注意，两人旧情复燃。斯蒂芬妮非常看好邦迪，她甚至认为邦迪会成为一个州长，于是斯蒂芬妮想与邦迪结婚。

1974年2月，邦迪毫无征兆地向斯蒂芬妮提出了分手。这让斯蒂芬妮既痛苦又困惑。从那以后，邦迪的生活就开始变得混乱起来，他变得越来越暴力。也就是从那时起，西雅图的女学生开始不断失踪和死亡。

【占有的欲望】

提起连环杀手，人们一般会联想起影视作品和小说中的变态形象。连环杀手要么有一个悲惨的童年，要么生活在阴暗的角落里。总之，连环杀手与普通人是不同的。但邦迪显然不是这样，他接受过高等教育，智商中等偏上，还颇具社交技巧，深受周围人的喜爱和信任。在邦迪被捕后，周围人都十分吃惊，在大家的心中，邦迪一直是个优秀的年轻人。

邦迪在最初作案的时候，显得十分谨慎，他会花费许多时间和精力来善后，例如将被害人的尸体丢弃在人迹罕至的山中。对于邦迪来说，他十分享受杀人和掌控他人生命的过程，但很讨厌和警察周旋，不过他却不得不采取一些反侦查的措施，只有这样才能避免被警方抓住。

许多连环杀手喜欢主动与警方联系，这样便于获得媒体的关注。邦迪显然没有这种心理，因为现实生活中的邦迪本身就是个轻易能够引起他人关注的人，他的这种需要被人关注的心理已经得到了满足。

当邦迪第二次从监狱中逃走后，他开始疯狂地杀戮女性。他不再费尽心思引诱女性，而是直接潜入女生宿舍，他也不再制订杀人计划，而是随意地寻找猎物，甚至不再准备作案工具，随意拿起什么就攻击女性。对于邦迪来说，这种不计后果的杀戮固然会给警方留下许多线索，却十分过瘾。他不用小心翼翼地提防警察，也不用在杀人后大费周章地处理尸体，他可以全身心地享受杀人所带来的乐趣。

心理学家斯蒂芬·米肖认为，连环杀手通常都是控制欲很强的人，他们用杀人的方式来满足自己占有的欲望。邦迪就曾表示，杀死那些女人不仅仅是为了满足内心的暴力需求，而是为了占有。当他亲眼看着她们在自己面前死去的时候，会觉得自己完全掌握了对方的生命，会觉得她们成了自己的一部分，此刻邦迪会产生一种身为上帝的感觉。

邦迪曾提到暴力色情杂志对他的影响。在邦迪12岁的时候，他接触到了色情杂志。对邦迪来说，色情杂志并不会让人犯罪，但如果将色情与暴力结合起来，就会让人产生十分可怕的幻想。自从接触了暴力色情后，邦迪就迷上了，他不停地寻找更有力、更细节、更生动的暴力色情文字、图片和录像，这让他觉得很刺激。后来邦迪开始幻想一些暴力色情的画面，最后他突然产生了付诸实际行动的冲动，似乎只有这样才能使自己获得满足。就这样，他走上了连环杀手的道路。

Criminal Psychology

挟持警察做人质——
保罗·约翰·诺尔斯

1974年11月17日，一名名叫查尔斯的警察在佛罗里达高速公路上巡逻的时候，发现了一辆被盗的汽车。就在查尔斯准备将司机逮捕的时候，却被司机抢先一步制服了，司机还拿走了查尔斯的配枪，这下查尔斯成了人质。

这名司机是美国著名的流浪杀手，名叫保罗·约翰·诺尔斯。在此之前他疯狂杀人，平均下来每周杀死一个人，短短5个月的时间就杀死了21个人。在挟持了查尔斯后，诺尔斯劫了一辆车，并将汽车的主人詹姆斯·梅耶一起劫持了。载着两名人质，诺尔斯将车开到了珀拉斯凯县的一片树林中，并处决了两名人质。

当地警方得知一名警察被挟持并杀害后，立刻出动了大量警力，甚至还派了警犬和直升机来抓捕诺尔斯。即使如此，警方依旧未能抓住狡猾的诺尔斯。诺尔斯逃了整整一个月，他不停地穿越树林和沼泽地，最后因撞上路障被警方抓住。

12月18日，在被押送去最高安全等级的监狱途中，诺尔斯突然扑向一名FBI探员艾尔，想要抢走艾尔腰间的枪，另一名FBI探员罗尼看到此景后，立刻开枪，击中了诺尔斯的胸口，最终诺尔斯在送往医院的路上死亡。

1946年4月14日，诺尔斯出生于佛罗里达州。在被生父生母遗弃后，诺尔斯被一对夫妇收养。在收养家庭里，诺尔斯的日子过得并不好，他很早就离开了家到社会上流浪。

1974年，诺尔斯因盗窃罪被捕入狱。诺尔斯经常因盗窃和打架被关进监狱，他是监狱里的常客，他人生中有一半时间都是在监狱里度过的。在服刑期间，诺尔斯和一个名叫安琪拉·维奇的女子成了笔友。安琪拉生活在佛罗里达，是个离了婚的女人。在与诺尔斯通了一段时间信后，安琪拉就来到了诺尔斯服刑的监狱，两人一见钟情，安琪拉答应诺尔斯等他一出狱，两人就结婚。

5月，诺尔斯获得了释放。他走出监狱后想要做的第一件事情就是到佛罗里达和安琪拉结婚。不过，安琪拉却提出要取消与诺尔斯的婚约。

不久之前，安琪拉拜访了一个心理专家，并将诺尔斯的情况告诉了专家。专家建议安琪拉远离诺尔斯，他说虽然诺尔斯看起来很有魅力，但内心充满了暴戾，他是个很危险的人物，一旦他想要发泄内心的暴戾，那后果不堪设想。安琪拉接受了专家的建议，主动取消了与诺尔斯的婚约。让安琪拉万万没想到的是，她的此举刺激了诺尔斯，从此之后诺尔斯开始了连续的杀戮。

被拒绝的诺尔斯在一家酒吧买醉时，刺伤了一名酒保，他因此再次入狱。7月26日，诺尔斯成功从监狱里逃了出来。

在诺尔斯越狱的几个小时后，一名独居老人柯蒂斯被抢劫，诺尔斯在离开柯蒂斯的住所前还扼死了柯蒂斯。之后，诺尔斯绑走了两名女孩——11岁的莉莲和7岁的玛莉特。诺尔斯为了杜绝后患将两名女孩杀死，并将尸体扔到了沼泽地。

诺尔斯继续流浪，当他来到大西洋滩后决定抢些钱。于是诺尔斯闯进了玛乔丽的住所，在抢走所有值钱的东西后，诺尔斯勒死了玛乔丽。

两天后，诺尔斯强奸并勒死了一个女人。在案发当天，诺尔斯正百无聊赖地开着盗窃的汽车在公路上行驶，这时一个女人出现了，她表示想要搭顺风车，诺尔斯同意了。等女人上车后，诺尔斯就凶相毕露，强奸并杀死了她。

在接下来的一周内，诺尔斯接连杀死了5个人。之后的一段时间内，诺尔斯进入了冷却期，他没有再杀人，直到8月23日。

这天，诺尔斯来到了蒙蒂塞洛。诺尔斯闯进了凯瑟琳的住所，凯瑟琳是个单亲妈妈，有个两岁的儿子。在这名两岁幼童的注视下，诺尔斯强奸并杀害了凯瑟琳。在离开前，诺尔斯并未杀死凯瑟琳的儿子，反而还给这个小男孩做了顿饭。

离开佛罗里达后，诺尔斯来到了俄亥俄州。在利马的一家酒吧里，诺尔斯和一个男人发生了冲突，被激怒的诺尔斯将男子打死后，把他的尸体扔到了一片树林里，然后开车来到了内华达州。

在内华达州的一片树林里，诺尔斯遇到了一对正在露营的老夫妻，他杀死了他们。9月18日，诺尔斯来到了得克萨斯州，他遇到了一个女摩托车手向他求救，诺尔斯自然不会放过这名女子。3天后，女摩托车手的尸体在路边被人发现。

诺尔斯来到亚拉巴马后，与安·道森相遇，两人相处了一段时间后互生情愫。但很快，诺尔斯就厌烦了道森，他在9月29日杀死了道森。不久之后，诺尔斯在维吉尼亚射杀了53岁的多丽丝。

在佐治亚州的一个酒吧里，诺尔斯认识了45岁的卡尔，两人聊得很愉快。在离开酒吧时，卡尔向诺尔斯发出了邀请，于是诺尔斯来到了卡尔的住所。诺尔斯捅死卡尔后，强奸并杀死了卡尔15岁的女儿。

11月8日，诺尔斯在亚特兰大认识了英国女记者福克斯，两人相处得很愉快。在过了几天甜蜜的日子后，诺尔斯就离开了福克斯，准备回到佛罗里达。幸运的是，福克斯并未遭到毒手。之后福克斯在写和连环杀手相关的报道时，还会提及诺尔斯。

【侵略性攻击人格】

瑞德福大学在调查研究了50名连环杀手的童年经历后,发现其中68%的连环杀手都经历过"某种类型的虐待",例如生理虐待、性虐待、心理虐待或忽视。这项研究结果说明,大多数连环杀手在童年时期都遭受过某种形式的虐待。

一个曾遭受过羞辱或惩罚的孩子,很可能会产生残忍的倾向。在大卫·霍瑟尔看来,心理上的虐待与未来行为有着很强的相关性。诺尔斯在很小的时候有过被父母抛弃的经历,即使被一个家庭收养了,也从未体验过被关爱的感觉。如果一个人无法从父母或照顾者那里获得关爱,那么他就会因被忽视而无法产生同情他人的能力。

童年的糟糕经历会使一个人产生无助感,对于一个有暴力倾向的人来说,无助感会是一种可怕的人格缺陷。他们会产生无法控制自己生活和处境的感觉,从而催生过强的控制欲。

如果一个人从小生活在不稳定的环境中,例如频繁搬家、更换寄养家庭等,他可能会觉得无法掌控自己的生活,而且他也没有时间和同龄人建立稳定、亲密的关系。于是他不仅容易出现控制问题,也会因没有和人建立稳定关系而无法拥有同理心,缺乏同情心再加上想要控制他人,这两者组合在一起就会出现病态的心理需求。因此连环杀手通常十分渴望操纵他人,有的连环杀手甚至非常擅长利用他人的情感来操纵对方。

犯罪调查员斯蒂芬·吉安杰洛认为连环杀手具有"侵略性攻击人格",认为自己高人一等,于是他们很容易做出伤害或谋杀他人的行为,并且不会后悔。这与缺乏同情心是密切相关的,如果一个人无法对他人的恐惧、痛苦产生共鸣，那么他在夺取这个人的生命后也不会内疚。

　　心理学家玛西亚·西罗塔认为，一个人，如果在孩童时期没有得到足够的关爱和情感满足，就会成为情感空虚的人，会变得自私自利，无法与他人建立正常的人际关系。与他人保持健康的关系是心理健康的重要组成部分，为了填补情感空虚，连环杀手会不停地杀人。

　　在安琪拉取消与诺尔斯的婚约后，诺尔斯的情感变得更加空虚，于是他开始了杀戮。那么如果安琪拉与诺尔斯结婚了，是否就可以阻止诺尔斯走上犯罪道路呢？道森的遭遇就是答案。诺尔斯与道森建立了亲密的关系，但他很快就厌倦了，他需要寻求新的刺激，于是杀死了道森。

　　犯罪心理学家罗伯特·哈尔在1965年曾做过一项实验，被试都患有精神病，其中连环杀手占很大的比例。在实验过程中，被试和正常志愿者被连接到电击感应仪器上，他们能看到倒计时的计时器，当计时器达到零时，他们就会遭受电击。正常志愿者看到计时器接近零时，会变得极度焦虑和不安，但被试却平静得多。这说明，被试承受电击的限度要远高于常人。心理变态者并不害怕被电击惩罚，他们需要寻求越来越极端的刺激，他们很容易变得麻木。

　　对于连环杀手来说，他们不停地杀人就是在寻求刺激，他们很容易对正常人的生活感到麻木。诺尔斯如果与安琪拉结婚，他很快就会因为婚姻生活的无聊而再次犯罪。诺尔斯的一半人生都是在监狱里度过的，他最初犯的不过是盗窃罪，当他尝试了强奸、杀人所带来的刺激后，就再也无法停手了。

Criminal Psychology

赖在精神病院不想离开——
皮特·威廉·撒特克里夫

20世纪70年代，英国约克郡及英国北部地区频繁发生女性被害案，一共造成了13人死亡，7人重伤。被害人大多为街头妓女，也有从事社会底层工作的贫困女性。即使一个女人不是妓女，只要穿着暴露在夜晚出门，就可能被凶手误认为妓女，并惨遭毒手。

凶手的作案手段十分残忍，被害人的尸体通常被损毁得十分严重。这让许多人想起了维多利亚时代的连环杀手——开膛手杰克，开膛手杰克通常只找妓女下手，而且作案手段残忍，被害人会被他开膛破肚。因此当地人就称这名凶手为"约克郡开膛手"，有人甚至觉得他就是开膛手杰克的转世。

第一名被害人在1975年10月被杀害，她的头部已经面目全非，应该被锤子重击了许多次，此外她身上还有十分严重的刺伤。法医根据被害人身上伤口的形状，推断出作案工具应该是十字头螺丝刀。

当地警方并未重视这起凶杀案，在警方看来妓女由于职业特点，本身就容易受到攻击或杀害。不过随着更多相似凶杀案的出现，警方开始意识到凶手是个专门找妓女下手的连环杀手，如果不尽快将其抓捕，将会有更多妓女被杀害。

截止到1978年5月，一共有8名女性被杀害。在凶手频繁作案的同时，警方的调查工作却毫无进展。不过在之后的一年内，约克郡没有再发生女性被害案，这让警方的压力减轻了不少。

1979年4月，销声匿迹的约克郡开膛手突然再次作案，杀死了一名19岁女子。6月26日，警方召开了记者招待会，总督察乔治·奥菲尔德宣布约克郡开膛手案的侦破行动取得了重大突破，因为他收到了约克郡开膛手的录音带，警方决定根据口音来寻找真凶。在这段录音中，约克郡开膛手表示他会继续清理妓女，还说警察都是一群无能之辈。

约克郡地域宽广，从1974年起被分成了西赖丁、东赖丁和北赖丁3个下属区域。即使这样，北约克郡依旧是英国最大的一个郡。在北约克郡，每个城镇，甚至每条街都有自己的口音、文化和特点。奥菲尔德等人分析了录音带的口音，将调查范围锁定在桑德兰的维尔赛德。接下来是大量的审问工作，一共有4万名嫌疑人接受了警方的审问。在此期间，又相继出现了3起命案。

这说明，警方的调查方向被误导了，约克郡开膛手并不在桑德兰，录音带可能是某个居民的恶作剧，专门来嘲讽警察办案不力的。作为案件的负责人，奥菲尔德因实在无法忍受繁重的工作和来自媒体、公众的巨大压力，而提早退休。退休后4年，奥菲尔德去世了。

26年后，一个名叫约翰·哈姆伯勒的流浪汉被警方抓住，他就是给奥菲尔德寄录音带的人，是维尔赛德本地人。约翰曾有过一段婚姻，后来离婚了。之后，约翰开始酗酒，而且喝得越来越多。有时，约翰会给人擦窗户赚点钱，有时则去领取救济金维持生活。约翰虽然是个一事无成的混蛋，给警方调查约克郡开膛手的工作带来了阻碍，但从未杀过人，他也不认识真正的约克郡开膛手。

1981年1月，约克郡开膛手意外被捕。一名巡警在工作时，意外发现一辆被盗的汽车，于是将车逼停，当时车上除了司机外，还有一名妓女，这名妓女差点被司机杀死。这名司机名叫皮特·威廉·撒特克里夫，他被当成约克郡开膛手的重点怀疑对象关进了警察局。警方在搜查撒特克里夫的住所时发现了十字螺丝刀和锤子，其中十字螺丝刀是约克郡开膛手作案时的标配。此外，撒特克里夫留着浓密的胡子。据幸存者的回忆，由于被攻击时十分恐惧，没有留意袭击者的相貌，只记得对方留着浓密的胡子。

其实警方也曾怀疑过撒特克里夫，但警方从约克郡开膛手的作案手段和作案目标推断出，凶手应该十分憎恨女性，是个单身汉，没有结婚。而撒特克里夫结婚了，他为了打消警察的怀疑还搬出了自己的妻子，说妻子可以证明自己夜晚在家没有外出。当警方根据口音寻找约克郡开膛手时，撒特克里夫也被询问过，不过由于口音的缘故被排除了嫌疑。

在审讯中，撒特克里夫爽快地承认自己就是约克郡开膛手。在陈述作案过程的时候，撒特克里夫提到了一个细节，他每次杀死一个妓女后，都会往她的手中塞入一张限量发行的五元纸币。撒特克里夫还提到了第一次杀人，他表示那完全是一次意外，自己根本没想杀死她。当时撒特克里夫正在布拉德福德的红灯区曼宁翰姆路找妓女发泄。后来他发现自己的钱丢了，他觉得一定是刚才那个妓女偷走的，于是就杀了一个妓女泄愤。从那以后，撒特克里夫就开始频繁杀害妓女。

在庭审时，法官考虑到撒特克里夫的精神状态不正常，就让撒特克里夫在进入监狱服刑之前，到精神病院接受治疗。随后撒特克里夫被送到布罗德莫精神病院，在那里他住在一个专属的安全系数超级高的房间里，这是一间精神专科康复的单元隔间。

虽然在布罗德莫精神病院里，撒特克里夫的自由遭到了限制，但他生活得很舒服，他的房间里有一台免费的电视和DVD播放器。有时候撒特克里夫还能接收电子邮件，给自己的MP3下载音乐。

撒特克里夫有一大批疯狂的粉丝，他每周都会收到来自各地粉丝的信件，他会在桌子上给粉丝们回信。撒特克里夫还会接受访问，许多人都对他这个连环杀手十分感兴趣。此外，医院还允许撒特克里夫与自己的亲友保持联系。

当撒特克里夫得知自己即将被送进监狱时，他崩溃了，这意味着他舒适的生活结束了，监狱里的日子可没这么自在。在监狱里，撒特克里夫不仅无法与外界联系，自由受到极大的限制，还可能会受到狱友的欺辱、殴打，甚至是被杀死。

在英国有一座最大的顶级监狱，位于达勒姆郡的弗兰克兰，撒特克里夫极有可能会被送到该监狱服刑。这座监狱里经常发生严重的暴力事件。有的犯人会被狱友割伤。一名因侵犯儿童入狱的犯人，被两名狱友骗进一间牢房后直接被开膛破肚。撒特克里夫十分担心自己也会遭到这样的对待。

撒特克里夫曾向人抱怨，在精神病院里他能悠闲度日，如果被送到监狱里，那么他将会失去一切，他的心理健康会受到影响。此外撒特克里夫还提到了监狱的伙食，他担心监狱里的食物难以下咽。在撒特克里夫看来，他属于医院，而不是监狱。由于无法接受监狱里的生活，撒特克里夫出现了自杀倾向，为此狱方不得不24小时监控撒特克里夫的一举一动，还将他牢房内一切能用来自杀的东西全部转移走。

约克郡开膛手的案子在英国乃至全世界都引起了轰动，撒特克里夫被捕后，自然引起了媒体和犯罪分析专家的注意，他的个人经历也很快被调查清楚并公开，很多人都想从撒特克里夫的个人经历中找到他成为一名连环杀手的原因。

撒特克里夫出生于英国一个普通家庭，他是个害羞内向的男孩，总喜欢躲在母亲身后。父亲为了让撒特克里夫变得有男子气概，就强行让他与男孩玩耍。撒特克里夫不喜欢与男孩一起玩闹，他觉得那样太粗鲁了。

撒特克里夫的性格并未随着年龄的增长而发生改变，他依旧内向害羞。在学校里，撒特克里夫的学习成绩不好，他早早辍学，开始工作。

撒特克里夫的第一份工作是看守停尸间。与普通人一样，撒特克里夫在看到尸体后会恐惧。渐渐地，撒特克里夫适应了这份工作，并开始迷恋上尸体，甚至开始奸尸。后来，撒特克里夫因经常迟到被辞退了。

失去工作的撒特克里夫在家待了一段时间，他也因此发现了母亲一个见不得人的秘密，他的母亲出轨搞外遇。这让撒特克里夫备受打击，在他心中，母亲是精神支柱，是个贤妻良母。从那时起，撒特克里夫就对女人产生了不信任的心理，他觉得所有的女人都不可靠。

21岁时，撒特克里夫与一个名叫索尼娅·祖玛的女孩恋爱了。如果说母亲的出轨让撒特克里夫对女人失望，那么索尼娅则让撒特克里夫开始憎恨女人。恋爱期间，撒特克里夫与索尼娅经常发生争吵，尽管如此他们还是决定结婚。

索尼娅似乎有精神病，她与正常人不同，不懂得如何与人交流。当索尼娅第一次见撒特克里夫的父母时，不仅没有礼貌性的问候，还一言不发地坐在那里咬手指。她当时很紧张，不知道该如何是好，只能坐在那里咬手指。

结婚后，撒特克里夫一直希望有个自己的孩子，他很喜欢孩子，总是和邻居家的孩子玩游戏。在孩子的问题上，索尼娅的看法与撒特克里夫截然不同。她觉得孩子会给他们夫妻带来负担，会使他们的生活水平降低，她不希望因为孩子变得穷困潦倒，于是索尼娅总是小心翼翼地避孕，这让撒特克里夫十分不满。

与索尼娅一起生活，对撒特克里夫而言是一种折磨。索尼娅总是绷着脸，还会不分场合地责备和抱怨丈夫。索尼娅对撒特克里夫的管控十分严格，就算撒特克里夫和朋友一起去酒吧喝酒，索尼娅都要管，她要么出面阻拦，要么不停地抱怨和责备。此外，索尼娅还有间歇性精神病，总是在夜晚穿着睡衣到大街上游荡。

后来索尼娅被送到贝克斯利医院，又被转移到布拉德福德的莱恩菲尔德山精神病医院。在治疗了一段时间后，索尼娅出院了，但她的精神状态依旧很糟糕，这让撒特克里夫的日子过得很痛苦。

有专家认为，正是索尼娅这个糟糕的妻子让撒特克里夫憎恨女性，他的心里不止一次地想杀死索尼娅。每当撒特克里夫作案时，他都会将对方假想成索尼娅，所以被害人的尸体才会惨不忍睹，由此可见撒特克里夫在杀人时十分愤怒。

在撒特克里夫被捕后，他没有与警察兜圈子，爽快地承认了自己的罪行，这让警方很意外。撒特克里夫表示，他希望尽快、名正言顺地摆脱索尼娅的控制，如果被警察抓住了，那么从此以后他都不用再和索尼娅生活在一起，这让他觉得轻松自在。

随着撒特克里夫的被捕，约克郡开膛手的案件算是结束了。但不少人都怀疑，约克郡开膛手并非仅仅撒特克里夫一人，还有一个人逍遥法外。

在撒特克里夫被捕后，警方就将从被害人身上提取到的血样和齿痕与撒特克里夫进行比对，结果不符，撒特克里夫的血型是 O 型，而警方从被害人身上提取到的血型是 B 型。

在撒特克里夫接受审判的时候，除了他本人的口供和幸存者的指认外，警方并未提供物证之类的更具有说服力的证据。有人怀疑，英国当局之所以草率结案，是因为无法忍受公众的质疑。自从 1975 年起，约克郡就开始出现女性凶杀案，警方一直追捕了多年，都没将真凶抓住，这让人们怀疑警方的办案能力，而警察们也备感挫败。此外，约克郡开膛手对于当地女性来说始终是个威胁，没有人愿意生活在一个危机四伏的地方。

虽然官方已经宣布结案，但不能打消人们对另一个约克郡开膛手调查的兴趣。在所有的嫌疑人中，有一个名叫比利·特雷西的人十分符合约克郡开膛手的特征，提供这一线索的人名叫尼奥·奥加拉，他还专门成立了一个以约克郡开膛手为主题的网站，上面有大量的材料和分析。

对于奥加拉的调查结果，英国警方并不认可，他们认为奥加拉是在公报私仇，因为特雷西辜负了他的信任，卷走了他一大笔钱。不过许多人都相信奥加拉的判断，认为特雷西具有重大嫌疑。

奥加拉是爱尔兰人，曾经做过会计，后来办了一家会计公司，当起了老板。奥加拉十分喜欢收集古董，而特雷西恰巧精通古董和家具，这让他轻易获得了奥加拉的信任，并成功进入奥加拉的公司工作。

当时，奥加拉觉得特雷西是个生活经验很丰富的人，虽然没有受过高等教育，但工作能力却不错，而且为人很风趣。渐渐地，奥加拉开始放手交给特雷西一些生意。

随着两人的关系越来越熟络，特雷西开始原形毕露了。奥加拉发现特雷西的私生活十分混乱，经常吸毒、酗酒和嫖妓。而且特雷西在嫖妓的时候总会对妓女大打出手，特雷西还曾向奥加拉透露，他很喜欢折磨妓女。

特雷西在一次吹牛中，提到了自己年少时进过监狱的经历，为此他十分憎恨和讨厌警察，还曾敲诈过一名警察。特雷西还说，自己虽然没受过高等教育，还进过监狱，但这不妨碍他在社会上混得不错。特雷西的这些话都被奥加拉录了下来，这些录音也成了奥加拉证明特雷西就是约克郡开膛手的重要证据之一。

随着了解的深入，奥加拉越发觉得特雷西这个人不能深交，他甚至感觉到特雷西想要控制自己和自己的家庭，他担心特雷西会给自己的家庭带来不幸，就渐渐远离了特雷西。不过奥加拉并未在生意上提防特雷西，他觉得特雷西是个不错的合作伙伴，于是就给了特雷西一笔钱，让他在英国开一家古董家具店。结果，特雷西将这笔钱卷走了，从那以后奥加拉就再也没有见过特雷西。

当奥加拉通过读报纸了解到约克郡开膛手的案件时，突然觉得特雷西就是约克郡开膛手。他发现，自从特雷西消失后，约克郡的妓女被害案也消失了。而且奥加拉还回忆起，每次特雷西外出和出差的时候约克郡都会出现妓女凶杀案。他怀疑那个时候特雷西并没有离开约克郡，而是在召妓并杀死妓女。从那以后，奥加拉就开始密切关注所有和约克郡开膛手相关的新闻，发掘另一个约克郡开膛手成为他生活的一部分。

【任务型连环杀手】

当撒特克里夫是约克郡开膛手的消息被公开后，他的邻居和妻子都不敢相信。在他们看来，撒特克里夫是个很温和的人，根本不会做出那样残忍的事情来。那么，撒特克里夫为什么要找妓女下手呢？在接受警察审问的时候，他交代了自己的作案动机，他相信自己这么做是替天行道，他是在按照上帝的旨意消灭妓女。

在连环杀手的分类中，有一种类型被称为任务型连环杀手。任务型连环杀手通常有家庭生活，不会生活在幻想之中，他在意识层面觉得需要消灭某一特定人群，比如妓女、黑人等，在他看来，这就是他要承担的义务，他觉得自己是在替天行道。虽然任务型连环杀手具有反社会倾向，但在日常生活中他能控制好自己，所以当他落网后，认识他的人通常都会非常惊讶，觉得他是个不错的人，不敢相信他会做出这样残忍的事情来。撒特克里夫一直相信杀死站街妓女是上帝赋予他的神圣使命，他是为了净化社会。

撒特克里夫虽然没有精神失常，但精神也有问题。他在向警察陈述完自己的罪行后提了一个要求，他想在自己的墓碑上刻上这样一句墓志铭："这里躺着一个天才，如果他的能量得到了全部的释放，天地也会为之颤抖，所以还是让他永远沉睡吧！"精神病医生认为，这恰恰说明撒特克里夫具有典型的妄想和偏执。

撒特克里夫第一次袭击妓女发生在1974年，他袭击了一个名叫安娜·罗格尔斯基的妓女，但安娜摆脱了撒特克里夫的控制，这使得撒特克里夫没能圆满完成自己的第一次杀戮。或许是第一次杀戮的失败让撒特克里夫备感挫折，他在1975年才开始了自己真正的杀人之旅。每次杀人前，撒特克里夫都会主动与站街妓女搭讪，然后以嫖客的身份和妓女谈价格，谈好价格后他会将对方带到隐蔽之处杀害并破坏尸体。

撒特克里夫虽然一直将妓女作为自己的目标，但偶尔也会错误杀害良家妇女，珍妮和约瑟芬就因衣着过于暴露而惨遭不幸。撒特克里夫的这两次误杀让整个英国北部的女人都不敢在天黑后单独出门。也就是在那段时间，撒特克里夫一再告诫家中的姐妹不要晚上出门，他担心自己会误杀姐妹，因为他每次杀人时觉得自己好像变成了另一个人，与平时的自己不同，毫无理智。

　　FBI在研究过约克郡开膛手的案发现场照片和卷宗后，得出一个结论，他是一个十分孤独寂寞的人，不会主动和警方联系，更不会挑衅警方，他之所以专门找妓女下手，只是为了报复。对于撒特克里夫而言，不论是母亲的出轨还是妻子索尼娅的折磨，都让他十分憎恨女性，他的杀戮就是对女性的复仇。

Criminal Psychology

警察帮凶手收集尸体——

加里·里奇韦

1979年，戴夫·雷切尔特成为华盛顿州西雅图市金县的一名警长。1982年8月13日，雷切尔特带着一些警察来到了绿河边，这是一条从怀俄明州流入犹他州的河流，附近有一家肉类包装加工厂，一名工人在河边抽烟休息时，意外发现了一具女尸。死者是个失踪的妓女，名叫黛布拉·林恩·博纳，被发现时，她全身赤裸，致命伤在颈部，是被人勒死的。

起初雷切尔特以为这只是一起普通的凶杀案，没想到却是一系列杀人案的开始。两天后，绿河再次出现两具女尸。

罗伯特·艾斯沃斯是个钓鱼爱好者，经常撑着木排到绿河钓鱼。8月15日这天，艾斯沃斯在钓鱼的时候发现河底有一双眼睛正盯着自己，艾斯沃斯仔细看了看后发现河底有个人。艾斯沃斯没往尸体上想，只觉得可能是个人体模型，于是他就拿木杆去戳，结果木排失去了平衡，艾斯沃斯直接掉到了河里，等他和尸体直接接触后，才发现这根本不是人体模型，是一具尸体，他注意到在这具尸体旁还有一具尸体。恐惧不已的艾斯沃斯立刻拼命游上岸，并报了警。

雷切尔特等人赶到绿河后，立刻封锁现场并开始打捞尸体。打捞尸体的警察发现，死者的大腿处和肩膀上都系着巨大的石块。

当时正是河岸边的野草疯长的季节，最高能长到两米左右，这让警方在绿河附近的搜查工作变得十分困难。在搜查中，警方发现了一具年轻女性的尸体，她脸部朝下趴在那里，一条蓝色的裙子缠绕在脖子处，全身赤裸着，手臂、大腿和臀部有十分明显的淤伤。与两天前发现的死者一样，这3名死者均是被勒死的。

接下来的一段时间内，绿河附近接连发现了几名女性的尸体，她们的身份都是妓女。这让雷切尔特等警察开始怀疑，所有的被害人都是同一人所害，金县绿河附近隐藏着一个恐怖的连环杀手。这一系列命案也成为金县有史以来发生的最严重的案件，为此当地警方还专门成立了专案组，雷切尔特就是专案组的组长。从那以后，雷切尔特和妻子、3个孩子就开始生活在长达20多年的焦虑不安中。

雷切尔特等人每天都在忙碌着破案，期望尽快将绿河杀手抓捕归案。但绿河杀手的杀戮并没有因警方的介入而停止，截至1983年4月，当地相继出现了14起女性失踪案，其中大多是妓女，年龄在14岁到23岁之间。

警方进行了大量的调查工作，对500多名嫖客嫌疑人进行了调查，但是案件还是没有丝毫进展。警方也希望能有妓女主动提供线索，但知情的妓女根本不配合警方的工作，在她们看来，警察是不值得信任的。就在雷切尔特等人一筹莫展之际，新的女尸不断被发现，这让雷切尔特等人更加沮丧，他们甚至觉得不是在办案，只是负责帮凶手收集尸体。

1983年5月，当地一个居民在树林里采蘑菇时意外发现了一具女尸，就报了警。警方发现女尸上有一个黄色的纸袋，纸袋下面是一份《西雅图时报》，上面的头条便是绿河连环杀人案的新闻。女尸的脖子上缠绕着一根渔线，脖子和肩膀处分别有一条鲑鱼，肚子上有一个酒瓶，尸体旁边还有一些香肠。这场景让雷切尔特觉得凶手是在嘲讽警察都是一群无能之辈。

到了1986年，雷切尔特调查绿河杀手的案件已经好几年了，但毫无进展，为此他想从泰德·邦迪这位连环杀手那里了解连环杀手的内心世界和作案动机。雷切尔特觉得邦迪应该对绿河杀手更加了解，毕竟他们是同一种人。通过与邦迪的交流，雷切尔特产生了一种错觉，如果不是邦迪被关押着，他甚至怀疑邦迪就是连环杀手。不过对于邦迪来说，他根本看不上绿河杀手，他觉得自己才是最厉害的连环杀手，是连环杀手中唯一的博士。

1987年，由于绿河杀手的案件迟迟没有进展，专案组已经花费了500万美元，西雅图政府决定缩减专案组的资金，这意味着政府已经放弃了对绿河杀手的追捕。但雷切尔特却一直坚持不懈，他无时无刻不在想将绿河杀手抓捕归案，甚至在度假的时候，对绿河杀手的案子也念念不忘。

1997年，雷切尔特成了金县的治安官之后，就重新成立专案组，专门来调查绿河杀手的案件，他发誓一定要在有生之年将绿河杀手送进监狱。直到2001年，雷切尔特借助DNA技术才将绿河杀手抓捕归案，他就是加里·里奇韦，曾在1984年时进入警方的调查视线。

玛丽·玛尔瓦尔是第34名被害人。在玛丽尸体被发现后不久，警方就从她男友那里了解到，他最后一次看到玛丽时，玛丽正和一个名叫里奇韦的男人

在一起，当时他们就在一辆轻型小货车上。

很快，里奇韦就接到了警方的传讯。但里奇韦坚决否认自己认识玛丽，由于没有证据，警方只好将里奇韦放走。

在警方的要求下，里奇韦参加了测谎测试，他通过了，不过警方还是将他列入了嫌疑人的名单。此外，警方还对里奇韦的住所进行了搜查，并采集了他的唾液和头发样本。由于当时技术条件有限，这些样本并未派上用场。直到DNA技术被运用到案件侦破中之后，雷切尔特才将里奇韦等几名重要嫌疑人的唾液样本和从被害人身上搜集到的精液样本送到华盛顿国家犯罪实验室。

检验结果显示，里奇韦的DNA与3名被害人尸体上残留的凶手精液的DNA相吻合。这是一项十分重要的证据，可以据此逮捕里奇韦，也可以在庭审时向法官和陪审团呈交。

2001年11月16日下午三点半，里奇韦开着一辆红色福特汽车出现在一条商业街，这里是妓女的聚集地，每天晚上会有许多妓女站在街上招揽顾客，有的妓女甚至疯狂地在闹市区和嫖客在汽车上进行性交易。里奇韦拿出一沓钞票，伸出车窗外挥舞着，很快一名妓女出现在里奇韦的车前。

里奇韦将车停好走了下来，那女人上前问他是不是在找房间，里奇韦说没有，然后问那女人是不是在约会，女人回答"是"，并问里奇韦是不是感兴趣。里奇韦则一本正经地对女人说，附近有警察，并让女人在下条路的银行门口等他。这名妓女打扮的女人是一位便衣警察，专门来抓里奇韦的。

接下来，长达5个月的审讯开始了，雷切尔特和他的调查小组希望能让里奇韦主动交代出所犯的41起命案的细节并带警方去找被害人的尸体，雷切尔特本人也与里奇韦单独谈了3天。

起初里奇韦并不配合警方的工作，他一直说自己已经很长时间没有杀人了，因为他经常去教堂，还得去上班，没有时间杀人。直到里奇韦的辩护律师和控方律师达成了认罪协议后，里奇韦才主动交代了一切罪行，以免去死刑。

在里奇韦所交代的命案中，有两起案件让警方和犯罪分析专家很吃惊。在1990年和1998年，里奇韦分别杀死了两名女子。警方本以为在大力追捕下，绿河杀手已经在1984年停止杀人了。

里奇韦交代道，为了误导警察，他会在弃尸现场故意扔些别人的口香糖、烟头等物，实际上他既不抽烟，也不嚼口香糖。有时他会故意将被害人的尸体运到俄勒冈州，这样警方就不会将死者与绿河杀手联系起来，因为警方的调查工作不能跨州进行。

里奇韦还提到他会用一些小手段来骗取被害人的信任，他会主动和被害人说话，让她尽量放松下来，让被害人产生一种被关心的感觉，这样被害人就会慢慢放下警惕，但里奇韦只是想把被害人弄到卡车里杀死。有时，里奇韦会给被害人看儿子的照片，这样也能让被害人放下警惕。

在与被害人发生性关系之后，里奇韦就会从背后掐住她的脖子，他很喜欢这种杀人方法。但后来里奇韦发现被害人在反抗时会在自己的胳膊上留下伤口和淤青，这样太容易引起别人的注意和怀疑，于是里奇韦就改用绳子勒死被害人。

2003年11月5日，绿河连环杀人案在华盛顿州西雅图高等法院开庭审理。里奇韦承认自己杀死了48名女性，他表示："在你们看来，我就是魔鬼、撒旦，但我所杀死的女人大多是妓女，我的目标就是在不被抓住的情况下，尽可能地杀死更多的妓女，杀得越多越好。在作案时，我先与她们发生性关系，然后勒死她们。当我勒住她们脖子的时候，通常会数数，在没数到六十时，她们就已经昏迷或死亡了。"

虽然里奇韦已经认罪，但根据程序，他必须得在法官念到每一个被害人的名字时说一句"我有罪"。由于被害人数量众多，这个过程一共持续了8分钟。最终，里奇韦被判处了49个终身监禁，而且不得被保释。

对于这项判决结果，许多被害人的家属都表示太轻了，在他们看来，里奇韦就应该被处死。有的被害人家属在接受媒体采访时说："当我看到里奇韦这个恶魔邪恶的小眼睛时，我就知道他想把现场所有的女人都杀死，像他这样的人就应该被处死。"

美国历史上最大的连环杀人案至此终于落幕，雷切尔特及其家人终于可以恢复正常的生活了。对于雷切尔特来说，绿河连环杀人案耗费了他20多年的大好时光，严重干扰了他的家庭生活和职业生涯。在绿河杀手被捕之前，雷切尔特经常被媒体和公众误解为无能之辈，死者家属甚至公开表示："警察们根本不用心抓凶手，每天总是在看文件。如果被杀死的是警察的女儿，凶手早就被抓到了。"

雷切尔特甚至还放弃了竞选州长的机会。当他准备竞选州长的时候，媒体和公众纷纷猜测，他是在利用绿河连环杀人案来图谋政治私利。最终雷切尔特只能放弃竞选，专注于案件的调查。

对于雷切尔特的家人来说，他们每天都生活在绿河杀手带来的恐惧之中。在里奇韦被捕之后，雷切尔特的长女安吉拉·马撒娜在接受采访时说："绿河凶杀案发生时，我才10岁。那个时候，我只知道爸爸似乎遇到了令他很棘手的坏人。从那时起，我们开始变得很乖，尽量不给爸爸惹麻烦。我总是担心凶手会突然出现在我的房间里，有时睡觉都会突然惊醒。"

1949年2月18日，里奇韦出生于美国犹他州盐湖城，在3个孩子中排行第二。后来，里奇韦全家搬到了西雅图南部的一个工人阶层社区居住。

里奇韦的母亲是个十分凶悍的女人，对孩子和丈夫都十分粗暴。里奇韦的前妻说，她亲眼看到里奇韦的母亲朝他父亲的头上砸盘子。可以说，里奇韦是在父母的暴力行为中长大的。

在学校，里奇韦的学习成绩并不好，他的智商只有 82，属于低智商。高中时，里奇韦留了两级才勉强毕业。而且，里奇韦还有纵火和虐待动物的劣迹。

16 岁时，里奇韦惹了一个大麻烦，他差点把一个 6 岁的小男孩杀死，他用树枝捅进了男孩的肝脏，幸运的是男孩并没有死。刺伤男孩后，里奇韦毫无愧疚之意，他表示自己只是想知道杀人是什么滋味罢了。

在高中时，里奇韦是班里的 D 等学生，并不活跃，却是一个经常惹麻烦的人，刚成年就不止一次地与妓女搞在一起。相反，里奇韦的哥哥乔治却是学校的活跃分子。20 岁时，里奇韦终于高中毕业。毕业后，里奇韦加入美国海军，并参加了越南战争。

后来，里奇韦成了一名油漆工，并且一干就是 32 年。由于里奇韦是负责为卡车上漆，这让他有机会使用不同的牌照和车型进行犯罪。

在邻居看来，里奇韦根本不像个连环杀手。他有一栋当时价值 20 万美元的房子，经常遛狗，对邻居很友好，他还会定期去教堂。

据里奇韦的同事反映，里奇韦是个合群、友好的人，就连一些女同事也说他不是个暴力的人。不过也有同事认为，里奇韦虽然会随身携带《圣经》并在工作时阅读《圣经》，但脑子里却充满了下流的想法，很喜欢讲黄色笑话，尤其喜欢拿妓女开玩笑。

里奇韦十分喜欢阅读《圣经》，甚至还企图通过布道来救赎他人。有一次，里奇韦在五旬节集会上挨家挨户地布道，想要拯救他人的灵魂。据里奇韦的第二任妻子反映，里奇韦在看电视的时候，总会将《圣经》放在腿上。每次做礼拜的时候或是礼拜结束时，里奇韦都会哭起来。

里奇韦有过三段婚姻。据他的第一任妻子反映，里奇韦是个很正常的男人，他们之所以会离婚，是因为里奇韦的母亲控制欲太强，而里奇韦又是个孝顺的儿子。在里奇韦看来，他的第一任妻子就是个自甘堕落的荡妇，趁他在菲律宾服兵役时另结新欢。有专家认为，这段婚姻导致里奇韦走上了连环杀手之路。

1972年，里奇韦开始了第二段婚姻。据他的第二任妻子反映，里奇韦是个不合群的人，而且性生活很怪异。此外他的第二任妻子还注意到，里奇韦经常很晚回家，从不解释去干了什么，有时身上还带着泥土。后来，里奇韦与第二任妻子的关系越来越冷淡，两人开始分居，最后以离婚收场。

根据里奇韦的说法，他的第二任妻子在最初嫁给他的时候身材肥胖，后来通过缩胃手术瘦下来后就开始到处拈花惹草，最终导致了他们婚姻关系的破裂。里奇韦还表示，第二任妻子还总是利用儿子向他索要高额的抚养费。

对于里奇韦的第三任妻子来说，这段婚姻关系十分糟糕，而那段时间里奇韦正好处于杀人的高峰期，他经常找陌生女子或妓女下手。此外，里奇韦的第三任妻子还发现丈夫很喜欢露天性交，经常带自己去一些陌生的露天场所性交。当里奇韦被捕后，她才意识到那些性交的露天场所距离抛尸地点很近。

里奇韦被捕后承认自己有奸尸的行为，后来为了忍住奸尸的冲动，里奇韦只能将尸体掩埋，以避免自己忍不住去和尸体发生性关系。这与邦迪所猜测的一样，邦迪曾告诉雷切尔特，绿河杀手会时不时地去查看尸体，如果发现尸体还没被发现，他会试图与尸体发生性关系。

【对女性的排斥感和无力感】

里奇韦是个典型的自卑型人格的连环杀手，这与他那控制欲极强的母亲有密切的关系。据里奇韦第二任妻子反映，里奇韦的母亲是个易怒、打扮轻浮的女人，她一直在操控着里奇韦。从出生到成年，里奇韦就一直生活在母亲女性权威的掌控之中。里奇韦是家中不受待见的二儿子，他从未得到过母亲的称赞，母亲根本看不上他，还经常用语言侮辱他。

在一次采访中，里奇韦提到自己四五岁时就不再尿床了。随着采访的深入，里奇韦慢慢承认自己的尿床一直持续到了14岁，他总是因尿床受到母亲的羞辱，每当母亲发现里奇韦尿床了，就会当着哥哥弟弟斥责他，还会要求他赤裸着走去厕所，因为母亲要给他清洗。

里奇韦从小没有与父母形成健康的依恋关系，他的母亲过于强势、霸道，父亲则过于懦弱。这导致里奇韦形成了孤僻自卑的性格，他的自尊心极其脆弱，总会贬低自己。即使在周围人看来里奇韦是个讲礼貌的好孩子，但实际上他很古怪。

由于母亲的影响，里奇韦对女性又恨又怕，甚至内心产生了对女性巨大的排斥感和无力感。对于"妻管严"的父亲，里奇韦不仅没有好感，甚至是鄙视的。不过里奇韦并不敢向母亲表现出自己的憎恨和愤怒，他一直压抑着。

里奇韦的第一任妻子让他更加憎恨女性。当时里奇韦正在菲律宾服兵役，回家后却迎来了一纸"休书"，这让他觉得妻子有了新欢，他将妻子视为下贱的婊子。随后里奇韦再次结婚并离婚，这让他对女性的看法更加恶劣。

到了30多岁时，里奇韦将对女性的憎恨全部发泄出来。他开始杀害无辜的女性，并渐渐迷恋上了杀人的感觉，因为他发现杀死女性可以让他感觉到一种前所未有的控制感。

里奇韦在招供时表示："大部分被害人死在了我位于米利特瑞路的住所中，其余的死在了我的卡车里。我只跨州抛尸，没有跨州作案。我专找妓女下手，我憎恨她们，也不想花钱买乐。还有一个主要原因，我觉得妓女是一个不被社会关注的群体，有妓女失踪了，也不会引起人们的关注，甚至不会有人注意到一个妓女的失踪。我觉得杀死妓女后，不会有人为她报案，这样不论我杀死多少妓女，都不用担心被抓住。最关键的是，哄骗一个妓女上我的车很容易。杀戮年轻女性是我的事业，越是年轻的妓女，在被杀死前反抗得越激烈。"

里奇韦这个连环杀手，对妓女有着特别复杂的感觉，可以说又爱又恨、爱恨交织。一方面里奇韦总是向邻居抱怨，说这个国家正在被妓女侵蚀着；另一方面，他是个资深的嫖客，总会去找妓女并杀死她们，因为只有在面对妓女时，他对女人的那种无力感才会消失。

Criminal Psychology

专找美女的变态摄影师——
克里斯多佛·怀尔德

1984年3月20日，佐治亚州的警方接到一个报警电话，报警者是一家汽车旅馆的经理，有个只披着床单、头上沾满鲜血、眼睛很怪的女孩向他求救。当时经理看到此景后吓坏了，还是在女孩的督促下才报了警，还叫来了救护车。经医生诊断，女孩全身都是被人殴打的淤伤，眼皮被胶水粘住了。

　　警方从汽车旅馆的工作人员那里了解到，女孩所在房间的登记者是个男人，名叫克里斯多佛·怀尔德，持有的是佛罗里达州的驾驶执照。根据工作人员的回忆，怀尔德大约40岁，一米八左右的个子，深棕色的皮肤，还留着一把大胡子，怀尔德的体形保持得很好。

　　接着，警方在工作人员的带领下来到了案发现场，怀尔德早已离去，房间里没有留下任何蛛丝马迹，但是墙壁上还残留着被害人的血迹。

　　在医院里，警方从受害女孩（以下简称A）那里了解了整个经过。A来自佛罗里达州的塔拉哈西，在佛罗里达州立大学附近购物中心的停车场遇到了衣着得体、穿着竖纹西服的怀尔德，当时怀尔德主动接近她，并说自己是个摄影师，正在寻找模特。怀尔德还夸赞A长着一张清秀的脸孔，十分适合当模特。怀尔德表示，如果A答应做他的模特，他愿意支付给她每小时25美元的报酬。A只有19岁，金发碧眼十分漂亮，怀尔德就喜欢找年轻漂亮的女子下手，在看到A后，就开始引诱她落入自己的陷阱。

　　A表示，当时她觉得怀尔德诚恳、可靠，似乎没有强人所难的意思，迟疑了一下后就跟着他走了。上车后，怀尔德给A看了一些时装杂志，上面有一些非常特别的照片，怀尔德说那些就是他的作品。

突然间，A 觉得很恐惧，她不想跟怀尔德走，于是决定拒绝怀尔德。但为时已晚，怀尔德开始殴打 A，不停地重击她的胃部和脸部。A 一下子就被打懵了，根本没有挣扎、反抗的机会。就这样，怀尔德载着 A 一路开车到佐治亚州的雨桥。最后车子在一片树林前停了下来。怀尔德用胶带封住了 A 的嘴巴，并绑住她的双手。然后怀尔德继续开车，过了一会儿又停车，将 A 放进了车尾厢。

几个小时后，怀尔德停车了，此时的 A 已经不知道自己身在何处，她只感觉怀尔德用毯子包住了自己，并将她带进了一家汽车旅馆。

在旅馆内，A 遭受了非人的虐待和折磨，怀尔德还威胁她，只要她敢呼救，就会被杀死。除了折磨外，A 还遭受了两次强奸。在此期间，A 注意到怀尔德的眼睛一直盯着电视。

后来，怀尔德开始用新的手段折磨 A。他拿出一些电线、开关，将电线放在 A 的大腿上，不断欣赏 A 被电击后痛苦的样子。之后，怀尔德就用超强力胶水粘住了 A 的眼皮，还专门用电吹风将胶水吹干。但胶水粘得并不牢固，A 还是能从缝隙中看到怀尔德的一举一动。

这时，电视上开始播放健美操节目，怀尔德一下子就被吸引了，他命令 A 学电视上的人跳舞。

A 发现怀尔德的所有注意力都被电视节目吸引住了，她开始想着逃跑。A 悄悄转移到浴室，但不幸被怀尔德发现，怀尔德用吹风机不停击打 A 的头部。此时的 A 十分恐惧，她觉得自己很可能会被怀尔德杀死，就开始剧烈挣扎。最后 A 成功摆脱了怀尔德的控制，进入到浴室内，并将门锁上。

A 一下子觉得自己终于安全了，她知道墙壁的另一面就是另外一个房间，她不顾因受伤流血的眼睛，拼命大声呼救，希望有人能听到自己的求救声。

A的呼救声吓走了怀尔德,当A听到大门"砰"的一声响后,觉得怀尔德应该已经离开了。不过A并未马上出来,她等了半个小时,确认外面真的没人了,才冒险走出了浴室。果然,怀尔德早已离开了,还带走了他的东西和她的衣服。A担心怀尔德会返回,赶紧用床单裹住自己,跑到外面求救。

了解了A的遭遇后,警方立刻让所有的巡逻车密切关注一辆米色的克莱斯勒汽车,还在附近的各个州派发了公告。此外,警方还与FBI取得了联系,希望他们能介入调查。但是没有人发现米色的克莱斯勒汽车,怀尔德好像失踪了。

怀尔德是个澳大利亚籍的美国人,他在1969年移民到美国,并在佛罗里达州定居。来到美国后,怀尔德赚了不少钱,他购买了一栋房子,开始玩起了赛车和摄影。后来怀尔德因骚扰女性频繁进出警察局。

1971年,怀尔德因要求一名女模特裸体拍照,被带到了警察局,他在缴了罚金后就被放了出来。但很快,怀尔德再次被带进警察局,他因试图强迫一名女高中生满足自己的变态欲望被告上了法庭。

在法庭上,法官感觉怀尔德不正常,就问怀尔德是否觉得自己的心理正常。怀尔德说,自己经常会幻想着强奸女人,对于他的所作所为他并不认为是错误的。最终怀尔德被判无罪,法庭认为怀尔德应该接受治疗,于是就给他安排了精神病专家,让他接受监督治疗。

精神病专家在对怀尔德进行了一些测试后认为,怀尔德是个会对社会产生威胁的危险分子。虽然怀尔德接受了治疗,但他并未从强奸女性的幻想中摆脱出来。3年后,怀尔德将幻想变成了现实。

怀尔德因强奸罪被一名女孩告上法庭。他在购物中心遇到了这名女孩和另一个女孩，他说自己叫大卫·皮尔斯，是个摄影师，正在寻找合适的模特。这名女孩相信了怀尔德的鬼话，就跟着他走了，结果女孩被怀尔德下迷药强奸。在被女孩控告后，怀尔德与法庭达成了认罪求情协议，借口需要治疗将刑期减至缓刑。

不久之后，怀尔德就以探望父母为由回到了澳大利亚，对于自己在美国所犯下的罪行，怀尔德选择了隐瞒。1982年，怀尔德被澳大利亚的警方请进了警察局，两名15岁的少女控告怀尔德绑架并强迫她们拍裸体照片。

怀尔德的父母得知儿子被抓进警察局后，就支付了大量的保释金将儿子赎了出来。怀尔德也因此得到了返回佛罗里达的机会，不过他必须在5个月后回国接受审判。但审判并未按期进行，而是一拖再拖，最后只能将审判日期定在1984年的4月。对于澳大利亚警方来说，抓怀尔德回来接受审判已经变得十分困难。

回到美国后，怀尔德找了一个23岁的漂亮女友，她名叫伊丽莎白·凯尼恩，在佛罗里达迈阿密南部的珊瑚阁高中任教。伊丽莎白对怀尔德在约会中的表现很满意，觉得他是个非常绅士的男人。在几次约会后，怀尔德提出了结婚的要求。伊丽莎白觉得怀尔德的年龄有点大，比自己大17岁，于是就拒绝了。尽管两人分手了，但一直都保持着朋友关系。

伊丽莎白是个能轻易吸引男人注意的姑娘，她不仅长得漂亮，还有一头迷人的褐色头发。伊丽莎白一直都有当模特的梦想，她曾获得过橘子杯公主的称号，还闯入了佛罗里达州小姐竞选的总决赛。在成为一名老师后，伊丽莎白一直渴望着能重拾模特梦，这也是她被怀尔德这个摄影师轻易吸引的原因所在。

1984年3月6日，伊丽莎白失踪了。在3月4日这天，由于是周末，伊丽莎白到庞帕诺海滨探望父母，这是她每周都要做的事情。晚上9点左右，伊丽莎白离开父母家，准备回到位于珊瑚阁的公寓。根据室友的回忆，伊丽莎白大约在10点左右回来了，之后就上床睡觉了。第二天，也就是周一，伊丽莎白像往常一样上班。但在周二，即3月6日，伊丽莎白再也没有回来过。当伊丽莎白的父母得知女儿失踪后，立刻报了警。

几天过去后，伊丽莎白还是毫无消息，她的父亲比尔·凯尼恩十分担心女儿，就聘请私人侦探肯尼斯·怀特克寻找女儿。怀特克首先将伊丽莎白的几任男友作为重点怀疑对象，他从凯尼恩夫妇那里了解到，在伊丽莎白失踪的前一天，曾说过怀尔德要介绍她去当模特，而且报酬丰厚。怀特克很快与怀尔德取得了联系，但怀尔德却说自己已经有一个多月没有和伊丽莎白见过面了。

很快，一次意外的发现，使怀特克再次怀疑起了怀尔德。伊丽莎白的一个前男友得知她失踪的消息后，就拿着伊丽莎白的照片到她经常加油的地方打探消息。加油站的两名工作人员说，周一下午伊丽莎白曾来过这里加油，当她准备付账的时候，灰色凯迪拉克汽车上的男人突然抢先帮她买单。他们还记得当时伊丽莎白说了一句"准备去机场"。两名工作人员在看了怀尔德的照片后，立刻说照片上的男人就是当时出现在加油站的男人。

怀特克还专门去警察局查找了怀尔德的犯罪记录，他发现怀尔德是个有着很长性侵犯罪史的恶魔，他不得不怀疑伊丽莎白的失踪与怀尔德密切相关。

与此同时，凯尼恩夫妇突然想起，在女儿周日来探望他们的那个晚上，他们在电视上看到了一则失踪案报道，失踪者是个女人，而且和伊丽莎白长得非常相似。这下，凯尼恩夫妇更加坚信，女儿的失踪与怀尔德一定脱不了干系。

电视里播放的失踪女性是罗萨利奥·康扎尔斯，在1984年2月26日失踪，罗萨利奥与伊丽莎白一样长得非常漂亮，有着一头迷人的褐色长发。罗萨利奥是个临时工，在迈阿密国际赛车跑道上派发阿司匹林样本。怀尔德除了摄影外，还十分喜欢赛车，经常在赛车跑道上逗留。最关键的是，罗萨利奥与伊丽莎白一样都参加过佛罗里达小姐竞选，都渴望能成为模特。

怀特克与一名前警察找到怀尔德之后，怀尔德表示自己没有见过伊丽莎白，并且声称加油站的工作人员认错人了。怀尔德的这种态度反而让怀特克更加怀疑。

与此同时，警方在调查罗萨利奥失踪案的时候发现，怀尔德与罗萨利奥相识。这让警方立刻警惕起来，他们怀疑这两起如此接近的失踪案，凶手可能是怀尔德。但由于没有证据，警方无法抓捕怀尔德。

3月16日，在庆祝完自己的39岁生日后的第3天，怀尔德决定离开纽约。原来，怀尔德在《迈阿密先驱报》上看到了一篇题为"一名赛车手、富有的摄影师涉嫌两起失踪案件"的报道，他觉得自己很可能已经被警方盯上了，就想逃走。两天后，怀尔德驾着1973年的克莱斯勒逃走了。离开纽约前，怀尔德提走了大量的现金。怀尔德走得十分匆忙，甚至来不及带走自己的爱犬。

怀尔德的逃走，当地警方负有不可推卸的责任。怀尔德毕竟是两起失踪案的重要嫌疑人，纵使警方没有证据拘留他，也应该派人监视他。而且警方有充足的时间详细盘问怀尔德，并使用测谎仪，但警方并未这样做。

怀尔德一边逃亡，一边寻找猎物。在怀尔德离开纽约的第二天，21岁的特里·弗格森在梅利特广场购物中心失踪了，她也有个模特梦，来自佛罗里达的卫星海滩，距离怀尔德出逃的地方只有两个小时的车程。

3月23日，失踪的特里终于有消息了，有人在卫星海滩往西的70英里处发现了特里的尸体。警方将特里死亡的消息散发出去后，立刻有证人与警方取得联系，证人表示她曾看到特里失踪前与一个男人说话。当警方请证人辨认犯罪嫌疑人的照片时，证人一下子指出了怀尔德。

但此时警方已经没有了怀尔德的消息，直到佐治亚州传来有女子受袭的消息。当 A 成功逃脱怀尔德的魔爪后，怀尔德就一路开车来到了得克萨斯州，很快又有一名女子失踪了。

3 月 23 日，一名 24 岁的护士特里·黛安·瓦尔登失踪了。特里已经结婚，并有两个孩子。在失踪的两天前，特里曾告诉丈夫，有个满脸胡子的男人试图接近她，还问她是否愿意做模特。特里当即拒绝了，男子不依不饶地请特里到车上看看他的作品。特里没有同意，她告诫对方让他走远点。

3 月 26 日，一名工人在水坝附近的河槽里发现了一具女尸。经确认，女尸就是失踪的特里。尸检结果显示，特里身中数刀，被多种不同类型的绳子捆绑，嘴上还粘着胶带。但特里并未遭受性侵。由于特里丈夫所描述的刻意接近妻子的男人的样子与怀尔德十分相似，警方就将怀尔德列为重要嫌疑人。

一时间，逃窜的怀尔德成了重大危险分子，为了避免再有女性被害，整个美国的警方都在极力搜捕怀尔德，此外 FBI 也介入调查，40 名侦探被派来专门负责调查这起案件。

经调查，怀尔德踪迹终于被发现了，他在路易斯安那州首府巴顿鲁日偷了别人的车牌，换到自己的车上，在一家汽车旅馆登记入住，只是登记的名字是朋友的。后来，怀尔德扔下了那辆克莱斯勒，继续逃亡。怀尔德途经的俄克拉荷马和科罗拉多州、内华达州，每天都有美女失踪的报告。4 月 3 日，FBI 将怀尔德列为十大通缉犯之一，加强了搜捕力度。

怀尔德是个十分狡猾的罪犯，在逃亡的路上不停地盗窃车牌，逃亡的路线也变化多端，这让抓捕他的警方和FBI十分头疼。4月13日，新罕布什尔州的两名巡警发现了怀尔德的踪迹。当时怀尔德正驾驶着一辆水星美洲狮，似乎想逃到加拿大，他正是在距离加拿大边界还有12英里的加油站被巡警发现的。

当怀尔德听到巡警叫自己停下来的时候，立刻跑到车里拿出了手枪。在一场混战之中，怀尔德被子弹射中了心脏，当场死亡，其中一名巡警则被怀尔德射中了肝脏。

怀尔德出生于1945年3月13日，他的父母都是澳大利亚人，父亲后来成为美国海军军官。怀尔德的父母虽然为他提供了良好的成长条件，但怀尔德却饱受疾病的折磨。在刚出生时，怀尔德就差点因身体虚弱而死。两岁时，怀尔德在游泳池里游泳时，差点被淹死。

17岁时，怀尔德被澳大利亚的警方逮捕了，他和几个朋友在澳大利亚的悉尼海滩上轮奸了一个女孩。怀尔德认罪后，获得了一年缓刑，在此期间他一直在接受心理咨询和电休克治疗。

电休克治疗不仅没有起到应有的作用，反而刺激了怀尔德内心的恶魔。23岁，怀尔德结婚了。怀尔德的妻子无法忍受有着变态嗜好的丈夫，在结婚的8天后，便与怀尔德离婚。

【性虐待罪犯】

凡是怀尔德待过的地方，都会出现美女失踪案，惨遭他毒手的女子有许多，直到今天人们也无法知道怀尔德到底杀死了多少名女性。怀尔德不仅难以遏制自己的杀人冲动，杀人手段还十分残忍。FBI为了防止有人效仿，隐瞒了许多作案细节。

从幸存者A的叙述中，可以看出怀尔德十分喜欢虐待女性，他享受虐待的过程。怀尔德的犯罪行为主要包括性和攻击两个部分，也可以说怀尔德的攻击行为充满了色情。

对于怀尔德来说，他希望所有的女人都能成为他寻欢作乐的奴隶，而他之所以难以遏制强奸女人的念头，是因为他对女人有着强大的控制欲，他能从强奸、虐待女性中，感觉到对方被自己控制和征服了，他为此感到极大的满足。

性虐待罪犯很容易变成杀人犯，他们的犯罪对象通常会遭受十分残忍的折磨，甚至会被杀害。施虐型强奸犯在发动攻击前，表现绝对是一个正常人，甚至可能会表现得彬彬有礼，这样才能轻易取得被害人的信任，并引诱被害人离开安全区域。通常情况下他会将被害人骗到一个十分隐蔽的地方，在这里他拥有绝对的控制权，可以对被害人为所欲为。

此外，性虐待罪犯很多都结过婚，由于他们对婚姻没有责任感或忠诚，他们的婚姻往往很难长久。怀尔德在与妻子结婚后8天就离婚了。

Criminal Psychology

连续夭亡的婴儿——
玛丽贝斯·泰宁

1986年2月4日，两名警察鲍勃·英菲尔德和约瑟夫·V.卡拉斯出现在玛丽贝斯·泰宁的家门口，并将玛丽贝斯带到警察局接受询问。不久之前，警方接到医院的报案，一名3个月大的女婴死得很蹊跷，这名女婴就是玛丽贝斯的小女儿塔米·琳恩。

塔米出生于1985年8月22日，此时玛丽贝斯已经43岁了，此前她已经接连失去了7个孩子和一个养子。人们一边很同情玛丽贝斯的遭遇，一边怀疑她，毕竟每次孩子死的时候，只有玛丽贝斯一个人在场。

12月9日的深夜，辛西娅·沃尔特接到了邻居玛丽贝斯的求救电话。等辛西娅赶到的时候，塔米已经没了脉搏和呼吸、皮肤泛紫。最后辛西娅与玛丽贝斯一起将塔米送到急诊室抢救，但塔米还是死了。

在塔米死的那天，辛西娅曾与玛丽贝斯一起外出购物，晚上还抱了抱塔米，但玛丽贝斯只让辛西娅抱了一小会儿就要回了塔米。辛西娅很同情玛丽贝斯的遭遇，觉得自己应该去安慰一下泰宁夫妇，于是在塔米死亡的第二天，辛西娅来到了泰宁家。让辛西娅觉得奇怪的是，玛丽贝斯似乎并不悲伤，显得很平静。在塔米的葬礼举行完后，玛丽贝斯就完全恢复了正常，她开始邀请朋友来家中做客，从不谈和塔米有关的事情，而且面带微笑，看起来心情不错。

玛丽贝斯在审讯中交代，是她将塔米用枕头给闷死了，当时她觉得塔米的哭闹很烦人。此外玛丽贝斯还承认自己杀死了另外的两个孩子蒂莫西和内森，同时还给丈夫乔·泰宁下过慢性毒药。这让警方开始怀疑其他几个孩子的死亡并非意外。

1942年9月11日,玛丽贝斯出生于纽约的一个小镇上,她的父亲在通用电气公司工作。玛丽贝斯在青春期出现过几次自杀倾向,除此之外她与普通的少女并没有什么不同。高中毕业后,玛丽贝斯就开始找工作,最后在医院里找到了一份护士助手的工作。21岁时,玛丽贝斯经人介绍与乔·泰宁相识。两年后,玛丽贝斯与乔结婚。婚后,玛丽贝斯生下了一对儿女:芭芭拉和约瑟夫。

1971年,玛丽贝斯怀上了第三个孩子。在玛丽贝斯临产之前,家里发生了一件大事,她的父亲因心脏病去世,这给玛丽贝斯带来了不小的打击。两个月后,玛丽贝斯生下了她的第三个孩子:詹妮弗。

詹妮弗的身体从出生起就很虚弱,她一直在医院里待着,在出生后的第9天,詹妮弗被诊断出脑膜炎,最后因严重感染死在了医院里。詹妮弗的死在当时并未引起任何怀疑,外人一致认定是病夭。

1972年1月20日,距离詹妮弗夭折刚刚过去16天,玛丽贝斯的儿子约瑟夫被送到医院,经过医生的努力抢救,约瑟夫恢复了正常。在医院里休养了10天后,约瑟夫被医生批准出院。但在出院的当天,约瑟夫再次被送到医院,这一次约瑟夫死了,医生认为约瑟夫死于病毒感染和癫痫发作。不过约瑟夫的死因到底是什么,没有人知道,因为当时并没有进行尸检。

3月20日,玛丽贝斯的大女儿,4岁的芭芭拉也被紧急送到医院,玛丽贝斯说芭芭拉之前发生了抽搐。医生为了进一步了解芭芭拉的情况,建议玛丽贝斯将女儿留在医院观察一晚。玛丽贝斯并没有接受医生的建议,她坚持要带女儿回家。几个小时后,玛丽贝斯再次将芭芭拉送到医院,这一次芭芭拉死在了医院。芭芭拉的死引起了警方的注意,但由于死因难以查清,警方在和医院进行了一番协商后,就放弃了调查。

1973年的感恩节，玛丽贝斯的第四个孩子出生了，这一次她生下了一个小男孩，取名为蒂莫西。蒂莫西在出生3周后死亡，在送到医院的时候，蒂莫西已经没了呼吸。玛丽贝斯对医生说，等她发现蒂莫西不对劲的时候，蒂莫西已经奄奄一息了。医生在检查蒂莫西的尸体时并没有发现什么问题，就将蒂莫西的死亡原因归结于婴儿猝死综合征。

1975年3月，玛丽贝斯又生下了一个男孩，这是她的第五个孩子，她给孩子取名为内森。9月2日，玛丽贝斯带着已经没有呼吸的内森出现在医院里，她对医生说，当时她正开着车，内森就坐在副驾驶座上，等她去抱内森的时候，内森已经断气了。这一次，医生同样将内森的死因归结于婴儿猝死综合征。

在之后的3年内，玛丽贝斯都没生孩子。或许是考虑到玛丽贝斯已经36岁了，不再适合生育，泰宁夫妇决定收养一个孩子。就在泰宁夫妇办理收养手续的时候，玛丽贝斯发现自己怀孕了。但泰宁夫妇并未取消领养计划，1978年8月份，他们从领养机构领养了一个名叫迈克尔的男婴。10月29日，玛丽贝斯生下了一个女儿，这是她的第六个孩子，取名为玛丽。

1979年1月，玛丽贝斯带着玛丽出现在急诊室，她说自己的女儿癫痫发作了，有生命危险。在医生的努力下，玛丽渐渐恢复了正常。2月20日，玛丽贝斯再次带着玛丽出现在医院里，此时的玛丽已经死亡了。玛丽贝斯解释说，她也不知道玛丽到底怎么了，等她发现的时候玛丽就已经死了。这次玛丽同样被认为死于婴儿猝死综合征。

玛丽死后不久，玛丽贝斯又怀孕了，她在1979年11月19日生下了一个男孩，取名为乔纳森。1980年3月，玛丽贝斯带着失去意识的乔纳森出现在医院里。在医生的努力下，乔纳森恢复了意识。当医生得知玛丽贝斯之前的几个孩子都因病夭折后，就对乔纳森进行了一次全面的身体检查，希望能找出乔纳森意外呼吸停止的原因，但医生什么也没有发现。

在玛丽贝斯将乔纳森带回家后没几天，乔纳森再次被她送到医院，此时的乔纳森已经停止了呼吸。这一次，医生同样没有检查出乔纳森的死亡原因。

1981年3月2日，距离乔纳森死亡还不到一年，玛丽贝斯抱着已经失去意识的两岁半的养子迈克尔出现在医院里。玛丽贝斯对医生说，迈克尔昏迷了，任她怎么叫就是无法清醒。医生只能将包裹着迈克尔的毯子打开，然后对迈克尔进行检查，结果医生吃惊地发现迈克尔已经死亡了。

迈克尔的意外死亡让人们更加怀疑玛丽贝斯。在此之前，泰宁家接连发生的婴儿夭亡事件让医生们以为是泰宁家族的遗传基因出现了问题，可能是基因缺陷导致了婴儿的接连夭亡。但迈克尔是泰宁夫妇收养的孩子，与泰宁家没有血缘关系。

后来玛丽贝斯因塔米的死被警方带到警察局审问，玛丽贝斯起初并不承认孩子们的死与她有关，她说詹妮弗死于脑膜炎，其他的孩子则死于婴儿猝死综合征或基因缺陷。玛丽贝斯还回忆了塔米死亡的当天晚上，当时她将塔米放到婴儿摇篮里，去看了一会儿电视，在此期间她听到了塔米的哭闹，但并未理会。等她想起去看塔米的时候，塔米已经没有了呼吸。玛丽贝斯还表示当时自己很害怕，就叫醒丈夫，打电话叫来了救护车。

警方根本不相信玛丽贝斯的这番说辞，毕竟玛丽贝斯之前的孩子都和塔米一样，在与母亲单独待在一起的时候死了。再加上，尸检结果显示塔米死于窒息。最后在警方的一步步逼问下，玛丽贝斯承认她杀死了塔米。

由于其他孩子的死亡没有充分的证据，警方只能针对塔米的被害案对玛丽贝斯提起诉讼。最终玛丽贝斯被指控二级谋杀罪，被判处终身监禁，至少20年内不得假释。

【孟乔森综合征】

作为一个母亲,玛丽贝斯为什么要将自己的孩子一个个杀死呢?她的犯罪动机到底是什么呢?玛丽贝斯自己也解释不清楚,她在认罪后表示:"我不是一个好母亲,我将自己的孩子一个个闷死了。我知道自己杀了人,但我不能告诉你自己这么做的理由,因为没有理由。"

虽然玛丽贝斯无法给出一个理由,但犯罪心理专家却给出了一个解释——孟乔森综合征,这是一种非常罕见的心理状态。所谓孟乔森综合征,就是指一个人认为自己在极端痛苦的情况下应该得到人们的关注。玛丽贝斯在第三个孩子夭折后,得到了朋友和亲属的关注和同情,这满足了她深层次的心理需求,于是她产生了一种特殊的错觉。正是这种错觉让她一次次杀死自己的孩子,然后在孩子的葬礼上体验那种备受关注的感受。

Criminal Psychology

坚称自己无辜的罪犯——

加里·迈克尔·海德尼克

1987年3月23日，费城的警方在接到911报警电话后，立刻派一名警察赶到了报警者的身边。报警者名叫约瑟菲娜·里维拉，是一名女性，她说自己被一个男人绑架并虐待，她还提到那个男人杀过人。警察似乎并不相信约瑟菲娜的话，约瑟菲娜只好掀开自己的裤脚，于是警察看到了约瑟菲娜小腿上的深深印迹，这是长期被铁链束缚留下的。这名警察立刻意识到了事情的严重性，按照约瑟菲娜提供的线索，赶到加油站，将一名正在加油站等待的男子抓住。

该男子名叫加里·迈克尔·海德尼克。不久之后，海德尼克的同伙西里尔·托尼·布朗也被警方抓捕。警方在搜查海德尼克的住所时，发现了大量的证据，还解救了3名尚且活着的女人。

从 1986 年 11 月开始，海德尼克就与西里尔一起诱骗女人到费城的住所中，他们将被害人绑起来，并塞到地下室内。这些女子随后被海德尼克用铁链锁起来，反复进行性侵、虐待与拷打。有的被害人因为被拷打、虐待、饿肚子、缺水以及病发得不到治疗，而死在了地下室内。

根据调查，至少有 6 名女性被海德尼克和西里尔绑架。不过比较奇怪的是，海德尼克绑走的女性都是黑人。海德尼克和西里尔会开着豪车，随机选择被害人。他们会将被害人诱骗到车上，然后将她们带到住所。这种诱骗方式虽然不高明，却总有女性上当。

第一个因虐待而死的被害人名叫萨德拉·琳赛，24 岁。萨德拉因吃饭太慢惹恼了海德尼克，于是海德尼克就将她的胳膊绑在一根管子上，萨德拉不得不站着，站了 3 天后，萨德拉再也忍受不了，死去了。

当海德尼克发现萨德拉死了后，就将她的尸体肢解了。在肢解萨德拉的胳膊和腿的时候，海德尼克发现骨头很硬，他费了很大力气也没将骨头切断，于是就用塑料袋包裹起来扔到了冰箱里。后来警方在搜查的时候，发现了这个包裹，上面写着"狗粮"，当警方打开后，才发现那是人类的残肢。

当时有邻居报警说，闻到了一股很奇怪的臭味。这股臭味其实是海德尼克在用锅煮萨德拉的头部和肋骨时散发出来的。警察上门查看时，海德尼克对警察说，自己正在做饭，因睡觉忘记关火将饭烧煳了。警察相信了海德尼克的说辞，就离开了。如果当时警察能进屋查看一下，就一定能发现锅里的人头。

第二名被害人是黛博拉·达德利，23岁。她可能是死于海德尼克的反复电击，也可能死于溺水。黛博拉的死与报警者约瑟菲娜有着十分密切的关系。

海德尼克每次诱骗来新的被害人，都会当着其他被害人的面虐待新来的被害人。他还鼓励被害人相互告密，看看谁不听话。为了奖励告密者，告密者的日子会好过一些。在地下室里，有一个小洞，正好可以塞进一个人，这是海德尼克专门为被害人准备的惩罚，凡是不听话的被害人都会被塞进这个小洞。

在黛博拉死的当天，海德尼克刚刚绑架了一名女子——艾格尼丝·亚当斯，约瑟菲娜发现海德尼克的心情不错，就请求他放自己回家看看，并且保证她一定会回来。海德尼克同意了，但前提是约瑟菲娜必须得和他一起折磨黛博拉。

海德尼克将黛博拉塞进了那个洞中，然后命令约瑟菲娜往里面灌水。随后，海德尼克开始电击黛博拉，他直接用电线触碰黛博拉的镣铐。最终黛博拉在遭受了多次电击后死亡。

造成黛博拉死亡的原因，可能是电击造成的休克，也可能是口鼻没入水中造成的窒息。不论是哪种死因，海德尼克都认为黛博拉是他与约瑟菲娜一同害死的。之后，海德尼克在一张纸上写下了一句话："海德尼克和约瑟菲娜一起电死了黛博拉·达德利。"然后签上了自己的名字，并让约瑟菲娜也签字。这样，海德尼克就可以放心地带着约瑟菲娜出门，他认为作为从犯的约瑟菲娜一定不敢报警。

海德尼克将约瑟菲娜放了出来，并开着车将她带到一处加油站，将车停好后，海德尼克让约瑟菲娜下车回家探望，他说自己在这儿等约瑟菲娜回来。约瑟菲娜一获得自由，就飞快地跑到另一个街区拨打了报警电话。

警方考虑到，约瑟菲娜虽然参与了虐杀黛博拉，但她的行为完全是被迫的，同时她也不是造成黛博拉死亡的直接原因，就没有起诉约瑟菲娜。

在审讯过程中，当被警方质问为什么住所的地下室里会有受害女子时，海德尼克辩解道，他搬到那栋房子之前，那些女子就已经在地下室了，他也不知道她们是从哪儿来的。警方当然不会相信海德尼克的鬼话。

作为海德尼克同伙的西里尔，决定指证海德尼克的犯罪行为，这是他与检方达成的认罪协议，从而换取从轻处罚。

1988年7月1日，法庭针对海德尼克的犯罪行为作出裁定，认定海德尼克对萨德拉、黛博拉的谋杀罪名成立，再加上绑架、性侵、故意伤害等罪名，海德尼克最终被判处了死刑。

后来，海德尼克的女儿提起上诉，希望能以精神疾病为由赦免海德尼克的死刑，最终被法庭驳回。

海德尼克虽然放弃了上诉的努力，却坚称自己是无辜的，他愿意接受死刑，并认为处死一个无辜的人，会促使死刑的废除。

1999年7月6日，这天是海德尼克的行刑日期，他被安排在费城的州立监狱里接受注射死刑。被警方解救的4名被害人，在一个单独的房间里观看整个死刑过程，那个折磨她们的恶魔终于死了。海德尼克虽然死了，但他的尸体处理却成了一个难题，他的家属没人愿意出面收尸，最后还是监狱方出面将其埋葬。

1943年，海德尼克出生于俄亥俄州的克利夫兰。海德尼克从小就是个很内向、羞怯的男孩，他不喜欢和别人交流，可以说是个非常孤僻的人。成年后，海德尼克参军入伍，成了一名医护兵。后来，海德尼克因精神问题被迫退伍。

1976年，海德尼克因持枪伤人被警方逮捕。两年后，海德尼克再次被捕，他囚禁并性侵了一名智障女子，女子名叫亚伯特，在精神病院里接受治疗。海德尼克与亚伯特的姐姐是男女朋友关系，于是就将亚伯特从精神病院接了出来，他将亚伯特关在了自己住所的地下室内。

后来，亚伯特被警方解救出来。在医院里，亚伯特接受了一系列的身体检查，检查结果显示，她遭受了性侵，并感染了淋病。

海德尼克并未因此被送进监狱，因为他被鉴定为精神病，得到精神病院接受治疗。在1980年，海德尼克不再说话了，一直沉默了两年多。在此之前，海德尼克曾递给看守一张纸条，上面写着他被魔鬼塞进了一块饼，正好堵在他的喉咙里，他说不出话了。1983年，海德尼克的精神鉴定结果显示为"正常"，获得了释放。

从精神病院里出来后不久，海德尼克就再次被捕，这次他的罪名是婚内强奸、殴打他人。不过由于他的妻子并未坚持起诉，海德尼克很快就获得了释放。之后海德尼克的妻子坚持与他离婚。从那以后，海德尼克就开始肆无忌惮地绑架、虐待女性。

【保持对自己的好感】

在海德尼克被判处死刑的时候，他没有上诉，而是坦然接受了死刑，不过令人感到的奇怪的是，他坚称自己是无辜的，并为自己接受死刑找了一个冠冕堂皇的理由，即用自己的生命为废除死刑添一把力。

在正常人看来，海德尼克所犯下的罪行不可饶恕，那么他为什么会认定自己是无辜的呢？其实，每个罪犯都会将自己看成一个无辜者，他们对自己保持着令人难以理解的好感。

一般而言，我们会坚信自己比普通人优越，高于中等水平。但问题是，所有人都高于中等水平，这可能吗？例如毕业生在找工作的时候会在自己的简历上显示出自己的毕业排名，而毕业排名通常是排在班级的前10%。当面试官看到这样的简历时，的确会对应试者感兴趣，但问题是面试官所看到的简历都是这样的，好像每个毕业生的毕业排名都在班级的前10%。

保持对自己的好感这种心理同样适用于罪犯，他们不会觉得自己是个十恶不赦的罪犯，他们会将自己排除在坏人之外。在自己的想象中，他们一直都是无辜者，甚至是个应该受到人们尊重的好人。

即使有罪犯认识到了自己的罪行，他也不会觉得自己是不可饶恕的。他或许会说自己只是犯了一个错误，除了这个错误外，他在其他方面还是个很不错的人。

Criminal Psychology

以笑脸为签名的杀手——
吉斯·杰普森

在俄勒冈州的监狱里，有一个连环杀手很喜欢画画，他总是利用空闲时间来画画，并将完成的画作放到网上兜售，在每一幅画中都有一个标志性的笑脸，他就是笑脸杀手吉斯·杰普森。杰普森喜欢在杀人后，给警方或媒体写信，信中会提到案件细节，例如尸体的位置或对死者身份的描述。在信件的末尾处，杰普森会画上一个笑脸，这也因此成为他的标志，他被媒体称为"笑脸杀手"。

杰普森杀死的第一个女人名叫唐嘉·班尼特，23岁，有轻微的精神障碍，会轻易相信陌生人，经常在酒吧里和陌生人搭讪，她也因此认识了杰普森。

1990年1月21日的晚上，杰普森来到了唐嘉经常出入的酒吧，他和唐嘉喝了一会儿酒后，就邀请她去吃晚餐。于是唐嘉与杰普森一起走出了酒吧，路上杰普森以没带够钱为由让唐嘉与自己一起去自己租住的公寓。

一进门，杰普森就搂住唐嘉开始吻她，唐嘉不仅没拒绝，反而主动回应，这让杰普森感到意外和愤怒，他给了唐嘉一耳光。唐嘉立刻反击给杰普森一拳，杰普森更加恼火，于是两人扭打在一起。杰普森的块头很大，力气也很大，唐嘉根本不是他的对手，很快杰普森就控制住了唐嘉，并掐住了她的脖子。或许唐嘉感觉到了杰普森的杀意，开始呼救，杰普森根本不理睬她的呼救，直接将她掐死。

这是杰普森第一次杀人，尽管他小时候经常虐杀动物，但杀人还是让杰普森感到意外，他甚至不敢相信唐嘉真的死了。不过杰普森很快冷静下来，他开始想办法处理唐嘉的尸体。

杰普森是个卡车司机，经常往返于州际公路。于是杰普森将唐嘉的尸体搬到卡车的后座上，开车来到了城外的哥伦比亚峡谷，他将尸体扔到了一个在他看来十分隐蔽的地方，他觉得这里人迹罕至，唐嘉的尸体应该不容易被人发现。但杰普森没想到的是，第二天唐嘉的尸体就被人发现了。

在之后的一段时间内，杰普森一直在密切关注着唐嘉被害案的进展。一次，杰普森在看报纸的时候得知凶手已经被抓住了，是43岁的约翰·索斯诺维克和57岁的拉维恩。

当警方将唐嘉被害案公开之后，引起了拉维恩的注意，她决定利用该案从男友约翰的家暴中解脱出来，于是她给警方打了个电话，说自己在约翰的强迫下参与杀死了唐嘉。为了验证拉维恩的说法，警方还专门让拉维恩带路指认尸体的发现地，结果拉维恩所指出的地方距离尸体发现地十分接近。此外，拉维恩还提供了许多案件细节，这让警方更加怀疑她和约翰就是凶手。实际上，这些细节包括尸体发现地都是拉维恩从报纸上了解到的。于是，拉维恩和约翰作为凶手被警方抓了起来。

在开庭前，拉维恩突然翻供，她对自己的辩护律师说，唐嘉根本不是她和约翰杀死的，她这么做只是为了将约翰这个暴力狂送进监狱，借此摆脱约翰的虐待。但审判已经临近，无法改变。在拉维恩接受审判的时候，公诉方提供了她的认罪录音，这是十分关键的证据。

最终，约翰被判处终身监禁，由于担心上诉会被判死刑，约翰放弃了上诉的权利直接认罪。拉维恩则因协助犯罪被判10年监禁，这让她十分难以接受。她一直不停地上诉，但没有成功过，直到杰普森被捕后，拉维恩和约翰才被放了出来。

杰普森得知拉维恩和约翰认罪后，十分生气，他觉得自己作为真正的凶手应该受到警察和媒体的关注。于是杰普森在一家路边餐厅的卫生间里留下了一行字，证明自己才是杀死唐嘉的真正凶手，还画上了一个笑脸。不过这行字并未引起人们的注意。杰普森只能给当地一家报社和警察局各寄了一封信，信中详细描述了自己杀死唐嘉的整个过程，还提到了一些只有警方和凶手才知道的案件细节，在结尾处杰普森画上了一个笑脸。

1990年4月12日，杰普森在科宁被警方抓住。警方接到一个名叫简的女人的报案，她说自己在搭乘顺风车的时候差点被司机给杀死。当时杰普森将卡车停在一个购物中心的停车场里，他想要休息一会儿。这时，一个抱着婴儿的女人敲了敲车窗，她说自己叫简，由于带着孩子不方便想搭个顺风车，杰普森同意了。

当简上了车后，杰普森却突然袭击简，想要掐住简的脖子，但并未成功。这让杰普森没了杀人的兴趣，他将车开回购物中心，将简和她的孩子丢下就离开了。简则选择了报警。

杰普森对警察解释说，他根本没想伤害简，当时车里空间太过狭小，他为了保护简才将手放在她的脖子上，后来踩刹车时手不小心用了力，从而让简产生了误会。警察相信了杰普森的说法，在警察看来这并不是一起严重的袭击事件，报案者也没受伤，于是就放走了杰普森。

一年半后的一天，杰普森搭载了一个名叫克劳迪娅的女人，他将克劳迪娅强奸后勒死。后来警方发现了克劳迪娅的尸体，但一直无法确认克劳迪娅的身份，这起命案也因此被搁置起来，直到杰普森被捕后，该案才真相大白。

杰普森杀死的第三个女人是辛西娅。杰普森在休息站休息的时候遇到了辛西娅，当时辛西娅正在招揽生意，两人谈好价钱后就上了杰普森的卡车。杰普森将辛西娅带到了一个荒凉的地方，强奸并勒死了她，最后将辛西娅的尸体扔到了荒郊野外。后来，警方发现了辛西娅的尸体。

1992年11月，俄勒冈州的警方发现了一具女尸，死者是妓女劳利。劳利在为杰普森提供了性服务后，要求杰普森支付双倍的费用，这让杰普森很恼火，他就痛殴了劳利一顿。后来杰普森发现劳利想报警，于是就将劳利勒死，并把尸体扔到了路边。

1993年7月，杰普森在加利福尼亚杀死了一个女人。当警方发现这个女人的尸体时，发现她体内有大量的毒品，这让警方认定死者是死于服用过量药物。在加利福尼亚，因服用过量药物致死并不罕见，每年都有许多人因此而死，警方已经麻木了。

至此，杰普森已经杀死了5名女性。在杰普森看来，自己杀死的都是妓女，算是为社会清除负担。随着杀的人越来越多，杰普森发现杀人其实是一件很简单的事情。同时杰普森开始被噩梦缠绕，他担心自己会遭到报应，但他根本无法停止继续杀人。

1994年9月，克雷斯特维尤的警方发现了一具女尸，由于尸体面部损毁严重，死者身上也没有可以证明身份的东西，该案就被警方封存起来。

1995年1月，一个名叫安吉拉的年轻女孩搭上了杰普森的卡车，她想去印第安纳州和男友约会。在路上，安吉拉开始抱怨杰普森开车速度慢，这惹恼了杰普森，他将车停在路边，强奸并杀死了安吉拉，还毁掉了尸体的面部。

作为一个长途卡车司机，杰普森经常在不同的州之间往返，他在5个州一共杀死了8个人。由于杰普森杀死的前7个人都是陌生人，而且死者分别在不同的州，分属于不同的管辖区域，这限制了警方的调查，也让警方无法将这些凶杀案联系在一些。直到杰普森被捕后，警方才意识到这些凶杀案是同一人所为，凶手是一个连环杀手。

杰普森杀死的最后一个女人是他的女友朱莉·贝宁汉姆。朱莉41岁，是杰普森的同事，两人认识后不久就开始约会。杰普森一直怀疑朱莉根本不是真心爱他，与他在一起只是为了钱。

1995年3月10日晚上，朱莉希望杰普森能为自己承担些罚款，她因频频被罚款，已经没钱了。杰普森不想再掏钱，于是两人发生了激烈的争吵，在争吵中杰普森掐住了朱莉的脖子，朱莉一下子就晕了过去。随后，杰普森用胶带将朱莉绑住，并开车将朱莉带到城外杀死。

20多天后，朱莉的尸体被发现。警方找到了朱莉的母亲，希望她能提供一些线索。朱莉的母亲表示，朱莉被害前曾来过家里，她说自己要去参加一个生日聚会，朱莉待了没多长时间就匆匆离开了，因为外面一个开卡车的男人一直在不停地催促朱莉。朱莉的母亲记得，那个男人的块头很大。

警方在朱莉的一份汽车账单上看到了杰普森的签名，于是杰普森成为该案的重大嫌疑人。在拘捕杰普森前，警方曾找杰普森谈过话，这让杰普森很吃惊，他觉得自己的好运终于到头了，于是试图自杀，但两次自杀都没成功。

被拘捕后，杰普森不仅主动交代杀死朱莉的整个过程，还交代了另外7起谋杀案。1995年3月30日，杰普森被正式起诉。在法庭上，杰普森主动交代了所有罪行，最终他被判处了3个终身监禁。

当杰普森的亲友得知他是个连环杀手后纷纷表示不敢相信。杰瑞是杰普森的好友，在他看来杰普森与所有普通人一样很正常，从来没有表现出暴力倾向，更不可能做出杀人这样的事情来。在1993年时，杰普森曾向杰瑞坦白过自己杀人的事情，并表示自己根本停不下来。当时杰瑞并未放在心上，以为杰普森只是在开玩笑。

杰普森在坦白案情之前，写了一封信给警方，要求警方务必将信交给他的哥哥。信中，杰普森提到了自己所犯的罪行，他还说自己是个害群之马，警方早点儿将他抓住，他就能早点儿停手。看完信后，杰普森的哥哥十分震惊，就将信交给了父亲莱斯利。莱斯利也很吃惊，他觉得杰普森是个懂得善恶的孩子，根本不可能是个凶残的连环杀手。

在杰普森被关进监狱后，他的兄弟姐妹就渐渐与他断了联系，只有他的父亲还会时不时地去看望他。身在监狱的杰普森总是被噩梦纠缠，每到深夜，他总觉得那些被害人变成了厉鬼向他索命。

1955年4月6日，杰普森出生于加拿大的奇利瓦克，在家中5个孩子中排行第三，在家里杰普森是个可有可无的存在，他没有哥哥姐姐懂事，也没有弟弟妹妹讨父母喜爱。莱斯利十分喜欢喝酒，但一喝醉就会变得十分暴躁，会对家人拳脚相加，家中的孩子总是遭受父亲的殴打。有时，莱斯利还会殴打自己的父亲，他的父亲也是个暴力狂，杰普森和兄弟姐妹有时会看到祖父和父亲对殴的场景。

在杰普森12岁时，莱斯利带着全家离开了加拿大，搬到美国居住。杰普森本来就不擅长人际交往，因此他的加拿大口音成了班里的异类。杰普森是个大块头，行动起来显得非常笨重，再加上胆子小，在班里总会被欺负，同学们还给他起了一个"巨人"的绰号。有一次，杰普森在外受了欺负，他回家向哥哥诉苦，结果哥哥不但没帮他出头，还嘲笑了他一番。

渐渐地，杰普森的性格变得扭曲起来。在学校里，杰普森总是保持沉默，不与周围的人交流，只有在被老师点名回答问题时才会说话。课余时间，杰普森总是一个人待着。后来杰普森开始做一些坏事，例如偷同学的橡皮、砸坏学校的玻璃、欺负低年级的学生等。

当老师知道杰普森做的坏事后就将他的父亲莱斯利叫到学校谈话。回家后，莱斯利通常会将杰普森痛殴一顿，并斥责他。在杰普森的记忆中，父亲殴打自己的花样有很多，有时用拳头，有时用棒球棍，有时将他吊起来打，有时会用电击棒电击他。

杰普森小时候很喜欢折磨小动物。起初，杰普森只是捉弄小动物，看着小动物惊慌失措的样子他会觉得很开心。后来，杰普森开始不满足于简单的捉弄，他开始用各种工具虐待小动物，最后将它们杀死。当莱斯利得知杰普森所做的事情后，没有阻止他，在莱斯利的心中，那是男子气概的表现。

除了虐杀小动物外，杰普森幼年时还曾出现过两次严重的暴力行为。10岁时，杰普森和一个名叫马丁的小男孩经常在一起玩耍，他们很喜欢一起做些坏事。不过每次做完坏事，马丁就会将责任都推到杰普森的身上。几次后，杰普森再也无法忍受，就痛殴马丁，当时杰普森用了很大的力气，幸好马丁的父亲及时赶到，不然马丁很可能会被杰普森殴打致死。

另一次是杰普森在公共泳池里游泳的时候，一个男孩恶作剧般将杰普森拉下水，接连几次后，杰普森终于被惹恼了，他将男孩用力按到水里。幸好救生员及时发现制止了杰普森，不然那名男孩很有可能会溺死在泳池里。

1973年，杰普森高中毕业了。杰普森没有上大学的打算，成了一名卡车司机。莱斯利也没指望这个令他失望透顶的儿子上大学，在他看来杰普森的智商根本无法应付大学的课程。

20岁时，杰普森与露丝·伯尼克结婚了。婚后，露丝为杰普森生下3个孩子，两个女儿一个儿子。杰普森的婚后生活很美满，他对孩子们非常宠爱，总会亲手给孩子们做一些小玩具。与此同时，杰普森的经济压力越来越大，为了养活家人，杰普森不得不同时做3份工作。

第三个孩子出世后，露丝开始怀疑杰普森出轨。面对妻子的质疑，杰普森一直遮遮掩掩，这让两人的关系变得越来越冷淡，最后以离婚收场。露丝在与杰普森离婚后，就带着3个孩子搬到了200英里外的斯波坎居住。

35岁时，杰普森决定不再当卡车司机，他想要实现自己成为加拿大皇家骑警的梦想。在一次训练时，杰普森不小心受伤，为此他不得不放弃梦想，继续开卡车跑长途，同时开始了他的连环杀手生涯。

【标志与风险】

许多连环杀手的作案动机是为了满足变态心理需求，例如控制、支配、受到媒体关注等。他们会通过各种方式吸引媒体的注意，例如像杰普森一样给媒体、警方写信，或者刻意在案发现场留下独特的记号。

对于连环杀手来说，独特的记号属于他的标志，是为了满足自己的心理需求。杰普森不仅在给警方、媒体写信时会画上一个笑脸，在入狱后作画时也会用笑脸作为自己的标志，对于他来说，笑脸具有特殊的象征意义。

标志性记号在满足连环杀手心理需求的同时，也会带来风险。对于杰普森来说，因为工作原因需要他定期从一个地方到另外一个地方，这让警方的侦破变得十分困难，警方甚至无法将杰普森所犯的案件联系起来。如果不是杰普森为了吸引媒体、公众的注意，留下那个标志性的笑脸，那么警方永远不会将这些案件联系起来。即使是冒着被捕的风险，杰普森还是要留下笑脸的记号。因为对于执意留下记号的连环杀手来说，记号是他的标志，是他身份的证明，他不会轻易改变，即使改变了作案地点、作案手段、作案工具，甚至连谋杀目标都发生了变化，他的记号也不会改变。

Criminal Psychology

城市丛林中的野兽——

吉·乔治

2001年3月19日，39岁的吉·乔治接受审判。20世纪90年代初期，法国巴黎的巴士底地区开始出现连环强奸杀人案，被害人的年龄在19岁至27岁之间，通常在停车场或自己的公寓内被袭击，连环杀手会将被害人捆绑起来，然后实施强奸，最后会用刀割破被害人的喉咙。这名连环杀手被人们称为"巴黎东部连环杀手"和"巴士底野兽"。

在最初的调查中，警方认为是熟人作案，这种误判导致了更多谋杀案的出现。随着案件频发，警方开始认为这些谋杀案是同一人所为。凶手有一个十分典型的作案标志，即会从胸前割断每名被害女性的乳罩。

1998年，巴黎东部连环杀手终于被抓住了，他就是吉·乔治。被捕后，乔治承认了大部分谋杀罪行。在开庭审理案件的时候，乔治却声称自己是无辜的。不过DNA检测结果却可以证明乔治至少杀死了3名女性，最终他被判处终身监禁。

2015年，电影《杀手一号》上映了，这部电影就是以乔治为原型拍摄的。在电影的开头有这样一段文字："这股邪恶的力量，到底来自哪里？它是如何钻入人群的？它的种子、根源是什么？谁应为此负责？谁杀了我们？"许多人都有相同的疑问，对连环杀手充满了困惑，无法理解连环杀手的心理和行为。提起连环杀手，很多人都会联想到他一定有一个不幸的童年，乔治也是如此。

1962年，乔治出生于法国，他的生母是个酒吧的女招待，这是一个经常被士兵光顾的酒吧，乔治的生母就是在酒吧里遇到了乔治的生父，一个非裔美国人，在军事基地担任厨师的工作。在乔治出生后不久，他就被抛弃了。

6岁时，乔治被法国昂热的一个家庭收养。养父母会收养乔治，是为了获得政府的生活补助，在法国凡是领养其他族裔的弃儿，均可获得生活补助。对于收养乔治这件事情，养母让娜曾犹豫过，毕竟在那个年代的乡下，还从没有人会收养一个黑人小孩儿，乔治算是第一个。在收养了乔治后，让娜为了获得更多的生活补助，接连收养了9个孩子。

随着年龄的增长，乔治的暴力倾向越来越明显。14岁时，乔治曾试图用铁棍勒死残疾的姐姐。16岁时，乔治试图掐死一个比他大10岁的姐姐。养父母觉得乔治实在难以管束，于是在乔治惹出大麻烦之前将他送走了。

离开养父母后不久，乔治就住进了少管所。很快，乔治再次出现暴力行为，他在公开场合袭击了两名女孩，乔治也因此被关进了监狱，并在狱中度过了自己的18岁生日。

从此之后，暴力成了乔治生活中的主旋律。1984年，21岁的乔治在法国南锡的一个停车场袭击了一名年轻女子，他在实施完性侵后，就用刀子捅向了女子，所幸这名女子并未丧命。乔治也因此被判处了10年监禁。

在监狱里，乔治的表现良好，还获得了保外就医的机会。这对乔治来说是难得的重获短暂自由的机会，他利用这个机会到处寻找合适的猎物下手。在乔治看来，自己就是一名猎人，而巴黎就是一个庞大繁杂的丛林，年轻女子则是美味的猎物。1991年，巴黎十四区的蒙巴纳斯火车站发生了一起命案，死者是一名女大学生。乔治在盯上这名女大学生后，就一直尾随在她的身后，并找准机会实施了虐杀。乔治曾对心理医生说，每次走出监狱回到城市里时，他就会觉得自己是个猎人，他会不由自主地寻找年轻、美貌的弱女子下手，他的捕猎步骤十分简单：尾随、威胁、堵嘴、强奸、边眼朝别处看边乱刀割喉。

除了暴力、嗜血外，乔治还十分狡猾和警觉，这也是他长达7年未被逮捕的原因所在。乔治会仔细掩盖行凶痕迹、小心躲避风头，还会合理规划出动频率。最关键的是，乔治还会演戏，经常在熟人面前辱骂连环杀手，例如有一次，乔治在看到电视上播放着连环杀手的新闻时，大声斥责连环杀手的行为令人作呕。乔治显然知道自己所犯下的罪行非常残忍且让人难以接受，但他就是忍不住要去施暴。

乔治在被捕之前，就是个社会边缘人物，他经常因触犯法律被逮捕，还没有稳定的工作和固定的住所。同时，乔治还是个十分擅长与人相处的人，他能轻易地与一个陌生人相熟并获得对方的信任。

乔治经常更换住所，他能与不同室友愉快相处，并且男女通吃。凡是和乔治相处过的女孩，都会觉得乔治是个非常有魅力的男人，有的女孩甚至主动为乔治提供食宿。

艾沙是被乔治杀害的年轻女性之一，她在自己的车中被乔治杀死。当艾沙将车停好之后，就遇到了乔治，艾沙感到十分害怕，就锁上了车门。在乔治的花言巧语下，艾沙消除了恐惧，并主动打开了车窗，这才让乔治有了得手的机会。在艾沙的母亲看来，乔治这种能轻易赢得他人信任的能力让人觉得非常恐惧，毕竟艾沙并不是一个单纯易骗的小女孩。在乔治被判处终身监禁后，一名法学专业的女大学生对连环杀手十分有兴趣，于是开始频繁地与乔治通信。不久之后，女大学生就爱上了乔治，她表示乔治能使自己忘记不愉快的过去。

在出庭接受审判时，人们终于见识到了乔治的说服力，他甚至比自己的辩护律师还要有说服力。

对于自己的行为会给他人带来伤害这一事实，乔治有着十分清晰的认识，他对心理医生说，像自己这样的人还是待在监狱比较好，一旦获得自由就会忍不住制造危险。乔治甚至承认自己给被害人家属带来了难以愈合的伤害，他声称如果被害人是自己的未婚妻，他一定会亲手杀死凶手来复仇。乔治认为想要让被害人家属原谅自己几乎是不可能的，他甚至说，他还是不要和被害人家属说话，毕竟他杀死了他们的女儿。

虽然乔治被判处了终身监禁，但根据法国的法律规定，在2020年乔治可以提出假释申请。对于被害人的家属来说，这显然是个无法接受的噩耗。

【情感上的绝缘体】

不少连环杀手的成长经历都是扭曲的，他们在童年时期遭受歧视、排挤，处于弱势地位。例如苏联头号连环杀手齐卡提洛，成长于一个贫困的家庭，幼年时曾因尿床遭受母亲的打骂。美国连环杀手亨利·李·卢卡斯，母亲是个酗酒的妓女，他从小所遭受的残酷虐待令人难以想象。哥伦比亚的连环杀手洛佩斯成长于一个妓女单亲家庭，曾多次遭受性侵。

有的连环杀手患有性功能障碍或精神疾病。例如加拿大"猪场杀手"彼克顿，他是个收入不错的农场主，患有性功能障碍，他在1983年到2002年期间，杀死了几十名妓女。美国著名连环杀手泰德·邦迪，在 1973 年到 1978 年期间，杀死了多名女性。在邦迪被捕之前，他是人们眼中的成功人士，是个颇具魅力的大众情人。

在心理医生看来，乔治不是施虐狂、受虐狂、恋物癖患者，也不仇恨女性。从情感上来看，乔治就是一个"自给自足"的绝缘体，不具备任何与外界建立情感联系的需求和能力。与正常人不同，乔治对外界、他人的感知能力是没有的，他在情感上是冷漠的。

昆德拉认为，每个人生来会对他人感同身受，同情是我们重要的天性，因此我们具有分享情感的能力，能够感受到他人的快乐、忧愁、幸福和痛苦。但乔治显然不具备这种能力，他的这种能力早就被不可逆地永远关闭了，因此他对被害人的痛苦可以做到漠视。

当一名被害人的母亲听到乔治表示很爱自己的养母时，忍不住问道："你为什么要这么做？当你看到我们这些因女儿被杀害而痛苦不已的母亲时，你是怎么想的？"乔治回答说："这对于母亲来说应该很可怕。"当乔治看到凶杀案现场的照片时，他表现得十分冷漠，没有任何表情。

很显然，乔治对人们的情感有一定的了解，例如他知道母亲会因为女儿的被害而痛苦，但他却无法做到感同身受。正是这份冷漠让乔治不会被情感束缚，会一次次地作案，在面对他人的伤痛时无动于衷。

虽然每个连环杀手的出身、经历不同，但他们却有一个共同的特点，他们会选择弱者下手，被害人通常处于弱势地位，例如儿童、女性、流浪汉、妓女等。这些人更容易被制服，会让连环杀手产生一种"我是强大的"感觉，他们十分陶醉于这种感受，并对此上瘾。

Criminal Psychology

闹着要做变性手术的杀手——
保罗·查尔斯·德尼尔

弗兰克斯顿是澳大利亚维多利亚州首府墨尔本 41 千米外的一个小城市，唐娜与丈夫莱斯、妹妹特里西亚就居住在一个社区的三居室里。1993 年 2 月的一天晚上，莱斯结束了一天的送外卖工作与妻子唐娜一起回家，当他们打开家门后看到了令人震惊的一幕：客厅的电视墙上有几个非常醒目的用血迹写成的大字——"唐娜，你死定了。"

当夫妻二人来到厨房后，发现地上、墙壁上到处都溅上了血迹，碗柜被砸碎。在卫生间，唐娜与莱斯看到了两只小猫的尸体浸泡在浴缸里，它们被人用十分残忍的手段杀害了。马桶里还有一团血迹斑斑的东西。

其他房间也被弄得一团糟，到处都散落着比基尼女性照片，有些照片还被捅出了窟窿。衣服不仅被撕碎了，上面还有大量血迹。

唐娜吓坏了，她立刻与妹妹特里西亚取得联系，在确认妹妹很安全后就放下心来。在当天晚上，唐娜与莱斯带着特里西亚搬走了，从那以后再也没回来过。

其实早在一年前，唐娜所在的住宅区就开始频发怪事。有一位女性在下班回家后，发现家中有盗贼闯入，将她的衣服全撕碎了。另一名女性反映，她总感觉有人在偷窥自己。

1993年6月11日，弗兰克斯顿警方接到报案，一名18岁的女大学生伊丽莎白·史蒂文失踪了。第二天，也就是星期六，有人在劳埃德公园发现了一具女尸，女尸的面部被凶器损毁，已经严重变形，仅通过肉眼根本无法分辨死者的身份。后经确认，死者正是失踪的伊丽莎白。伊丽莎白的上身赤裸着，脖子上缠着自己的衣物，还有十分严重的割伤；胸部有6处伤口；从胸口到肚脐有4道垂直刀伤，腹部有处"十"字形的伤口，肋骨周围有4处伤痕。从伊丽莎白身上和脸部的伤痕来看，她生前应该遭受了残忍的虐待。

警方立即开始调查伊丽莎白的人际关系，初步认定这是一起仇杀案件。但警方发现伊丽莎白没有与谁发生矛盾。于是警方就认为凶手应该是随机作案，在试图性侵伊丽莎白时遭到了激烈反抗，才会下毒手。但法医的尸检报告让警方很困惑，伊丽莎白没有遭受性侵。

劳埃德公园附近的居民一一接受了警方的询问，他们在案发当天并没有听见或看见什么可疑的声音或人。警方还在伊丽莎白最后一次出现的车站附近放置了她的人像模型，希望有人能主动与警方联系提供线索。但最终，警方一无所获。

1993年7月8日，警察局来了一名女子，她名叫罗萨·托特，41岁，职业是银行女职员。罗萨告诉警方，她在下班回家的途中差点被一个男子杀死。

当时一名陌生男子突然从背后捂住她的嘴，然后掏出一个硬物抵住了她的头，威胁着让罗萨闭紧嘴巴，不然就开枪杀了她。罗萨被男子拖到了旁边的自然保护区，那里有一大片灌木丛。罗萨趁男子不备，用力咬了男子一口，在男子疼得松开手后，罗萨狠狠地踢了对方一脚。随后罗萨不顾被扯破的衣服，快速逃跑，幸运的是正好有一辆车经过此地救下了罗萨，并将她带到了警察局。

根据罗萨所提供的线索，警方来到了她被袭击的地方，但袭击者早已没了踪影，警方在搜查一番后什么线索也没有找到。

当天晚上，当地发生了一起失踪案，失踪者是22岁的黛博拉·弗利姆，刚生育不久。在失踪的那天晚上，黛博拉发现家里没有奶粉了，就开车去超市购买，结果一直没有回来。4天后，一个农民在农田里发现了一具女尸，死者正是失踪的黛博拉。黛博拉的头部、脖子、胸部和手臂上一共有24处刀伤，死于窒息，没有遭受性侵。警方通过调查发现，黛博拉生前没有与任何人发生矛盾，这应该是一起随机作案，与之前的谋杀案十分相似。

警方开始怀疑杀死黛博拉与伊丽莎白的是同一个人。从被害人的尸体受损程度来看，凶手应该对女性有着明显的仇恨。不过被害人却没有遭受性侵，这让警方觉得很意外。因为大部分连环杀手在对女性下手时，通常是为了性侵。凶手有足够的时间实施性侵，但他却没有这样做，这说明凶手在生理上或许存在一定的问题。

弗兰克斯顿出现了一个连环杀手的消息立刻传播开来，女人们惶惶不安，到了晚上根本不敢出门，街道上十分寂静。当地的房价也因此直线下跌，没有人愿意生活在一个随时可能被害的城市里。

对于当地警方来说，抓住凶手有很大的难度。首先，警方所掌握的线索很少，只能确定凶手极有可能是个连环杀手，他会再次作案。其次，两起谋杀案的被害人并无相似之处，这说明凶手没有特定的被害人类型，只是随意选择目标。为了安抚人们的恐慌情绪，警方专门成立了帮助中心，教女性防身术和遇险自救措施。很快警方最担心的命案再次出现，这次的被害对象是一名17岁少女，名叫娜塔莉·罗素。

1993年7月30日下午，娜塔莉像往常一样骑车回家，却在途中失踪。8个小时后，娜塔莉的尸体被发现了。娜塔莉与前两名被害人一样遭受了非人的虐待，甚至更惨，几乎身首异处，同样没有遭受性侵。这一次凶手在案发现场留下了一项十分关键的证据，即一小块脱落的带血皮肤。警方将这块皮肤拿去进行了检验，检验结果显示它并不是娜塔莉身上的，那么就可能是凶手留下的，凶手可能在与娜塔莉搏斗时不小心伤到了自己，所以在被害人尸体上留下了这份关键性的证据。

一名巡警在得知娜塔莉被害的案件后，立刻回想起在30日下午3点左右看到的一辆黄色丰田花冠汽车，于是就去警察局报案。巧合的是，娜塔莉的遇害时间也是3点左右。巡警告诉查案的警察，当时他曾上前去查看，发现车上没有悬挂车牌，车内也没人，于是就抄下了车架号码。

与此同时，一名邮差也来警察局报案，他在案发前看到了一辆黄色丰田花冠汽车，车内的司机看起来非常奇怪，故意将座椅调得很低，好像害怕被人认出来。这下这辆可疑的汽车嫌疑就更大了，关键的是警方在调查黛博拉遇害案的时候，发现案发地点附近也曾出现过黄色丰田花冠汽车。

警方通过车架号，找到了这辆黄色丰田花冠汽车的主人，他名叫保罗·查尔斯·德尼尔，才21岁。

在实施抓捕之前，警察先给德尼尔住所的座机打了一个电话，没有人接听。警方只能派一名警察到德尼尔住所去探探虚实。警察在确认德尼尔家中没人后，就在门缝中塞了一张纸条，上面写着警方正在对社区居民进行一项调查，让屋主有时间给警察局打电话。

下午5点多，警察局接到了电话，打电话的人是德尼尔的女朋友莎伦·约翰逊。为了不惊动嫌疑人，警察谎称警方正在进行常规调查，正好抽中了他们。

10分钟后，德尼尔住所附近出现了许多警察，他们将德尼尔的住所团团围住。几名警察上前按响了门铃，很快门就被打开了，警察看到了德尼尔。德尼尔看到这么多警察后虽然有些吃惊，但并没怀疑，就让警察进了屋。

一进屋，警察就控制住德尼尔，并问他是否有一辆没有牌照的黄色丰田花冠汽车，德尼尔承认他有这辆车。一名警察注意到德尼尔的手上有几处伤口，其中一处伤口缺失了一小块皮肤，很可能是在杀害娜塔莉时留下的。

随后警方质问德尼尔，手上的伤口是怎么来的？德尼尔说，那是他不小心修车时弄伤的。警方继续询问他的汽车为什么会出现在案发现场。德尼尔解释说，当时自己的车正好坏了，只好停在路边，然后就坐车去接莎伦下班。

警方当然不相信德尼尔的解释，将他带回了警察局。面对审问，德尼尔一直坚持自己是无辜的，根本不知道什么凶杀案，只在报纸上看到过。最后警方只好使出撒手锏，说他们有犯罪嫌疑人的DNA，只要将德尼尔的DNA与嫌疑人的DNA进行比对，德尼尔就不得不认罪了。于是，德尼尔开始交代自己所犯下的罪行。

德尼尔交代的第一起案件是伊丽莎白被害案。在案发的当天晚上7点左右，德尼尔突然产生了一个想杀人的念头，于是就在劳埃德公园等着，等一个独行的女人。当德尼尔看到伊丽莎白从公交车上下来后，就一直尾随在她身后。德尼尔表示，对他来说没有什么特定的目标，杀谁都无所谓，伊丽莎白只是在错误的时间出现在错误的地点。

等到偏僻无人之处，德尼尔直接扑过去抱住伊丽莎白，并威胁她，让她不要乱动，不然就杀死她。其实当时德尼尔手中根本没枪，如果伊丽莎白用力挣扎，或许就能逃脱。德尼尔将伊丽莎白带到半山腰，当时伊丽莎白说想上厕所，德尼尔就边等边想着怎么办。等伊丽莎白完事后，德尼尔直接用手掐住了她的脖子，伊丽莎白因缺氧昏迷过去。德尼尔看到伊丽莎白不再挣扎，掏出刀刺向伊丽莎白的脖子。伊丽莎白突然醒了过来，德尼尔只能拿着刀用力刺向她的肚子。等德尼尔平静下来后，发现刀的刀柄都在他作案的过程中断开了，由此可见当时德尼尔多么用力。确认伊丽莎白已经死亡，德尼尔就将她的尸体拖到了水沟旁。

在叙述杀害伊丽莎白细节的过程中，德尼尔表现得很冷静，没有掺杂任何情绪。当被问到为什么要杀人时，德尼尔回答说，他就是想杀人，总觉得自己的生命好像被人夺走了多次，所以他也要夺走别人的生命。

德尼尔交代的第二起案件是罗萨遇袭案，罗萨是唯一的幸存者。在7月8日，德尼尔看到罗萨从车站走出来，就开始跟着她，等到僻静之地就用同样的方式将罗萨控制住。罗萨与伊丽莎白不同，她咬了德尼尔的手，并挣脱了德尼尔的控制，往公路方向跑，德尼尔就紧跟在她身后。德尼尔追上了罗萨，他一边捂住她的嘴，一边威胁着让她乖乖听话。在看到罗萨点了点头后，德尼尔就准备带罗萨离开。罗萨趁机挣脱，此时正好有一辆车路过，德尼尔就跑了。德尼尔那天本打算杀死罗萨，结果没得逞，于是就去了附近的车站寻找可下手的女子。

这就是第三起案件，被害人是黛博拉。德尼尔专门来到一处人少的车站，他曾经来过这里，知道晚上人比较少。当德尼尔看到黛博拉一人开着车过来后，就开始准备行动。趁着黛博拉走进奶粉店的空当，德尼尔躲进了黛博拉车辆的后座，并藏在座椅下面。黛博拉上车后，德尼尔并未马上行动，他在等黛博拉将车发动起来，这样就没人能听到她的呼救声。

控制住黛博拉后，德尼尔就让黛博拉将车开到了一个熟悉的偏僻之地，然后威胁着黛博拉和他一起下车。下车后，德尼尔拿出一根绳子走到黛博拉身后，勒住了她的脖子，然后德尼尔掏出尖刀，不停地刺向黛博拉的脖子和胸部。

杀死黛博拉后，德尼尔将她的尸体用树枝盖住。等他准备离开的时候，突然发现自己的刀不见了，就开始寻找。一会儿，德尼尔找到了刀，他开着黛博拉的车离开了。在距离住所不远处，德尼尔将车停到路边就走了。回到住所后，德尼尔给莎伦打了个电话，说下班会去接她。

第二天早上，德尼尔开始进行善后工作，他将行凶的刀拆了并藏在厕所的通风口。然后德尼尔来到黛博拉的车上，将车里的奶粉、钱包、鸡蛋和巧克力统统带回家处理，他将钱包找个地方埋了。

接下来，德尼尔开始交代他犯下的第四起案件。这一次在谋杀前，德尼尔做了十分充分的准备工作，他想在自行车道上绑架一个年轻的女孩，然后将她带到路边的保护区杀掉。在谋杀开始的前一天，德尼尔还专门带着刀具去了那里，将公路和保护区中间隔着的围栏弄出几个洞，可以方便人钻过去。

7月30日下午两点半左右，德尼尔出现在自行车道上开始等待猎物出现。20多分钟后，娜塔莉穿着蓝色校服骑着自行车出现了。德尼尔立刻跟上，在跟了10米左右时，德尼尔直接扑上去，一手捂住娜塔莉的嘴，一手用刀抵住她的脖子，德尼尔和娜塔莉一起钻过洞来到了保护区。

起初娜塔莉不停向德尼尔求饶，希望德尼尔拿走钱后能饶过自己。德尼尔用刀在娜塔莉脸上划了几下后，命令她跪下来。娜塔莉哭着问德尼尔，他到底想要什么？德尼尔说，想让你闭嘴。说着德尼尔就掏出绳子勒住了娜塔莉的脖子，由于他太用力，绳子断了，娜塔莉开始挣扎起来，德尼尔就用刀刺向了娜塔莉的脖子。杀死娜塔莉后，德尼尔回到停车的地方，这时他看到了一个交警，他为了不让交警看到自己沾着鲜血的手，立刻将手插在裤兜里，沿着另一条路回家了。

最后，德尼尔还提到了他在唐娜家杀死宠物猫的事情。当时德尼尔是打算杀死唐娜的，他很讨厌唐娜这个女人，当他翻窗进入唐娜住所的时候发现家中无人，就杀了宠物猫泄愤。

1993年12月15日，德尼尔接受了审判。在法庭上，德尼尔承认了自己所犯下的罪行。德尼尔还提及自己为什么会成为一个残忍的连环杀手，这一切都是他的哥哥大卫·德尼尔造成的，他曾被哥哥虐待过。此外德尼尔还提到了两个因素，不幸的童年和反复失业也导致了他的杀人行为。

12月20日，德尼尔被判处3项终身监禁，永远不得假释。德尼尔及其辩护律师很快就提起了上诉。1994年7月29日，二审法庭改判终身监禁，30年不得假释。被害人家属对这项判决结果表示不服，如果30年后德尼尔真的获得了假释，那时他才50岁出头，还可以享受许多年的自由时光，这对被他杀死的人来说太不公平了。

1972年4月14日，德尼尔出生于悉尼，他在家中6个孩子中排行第三。德尼尔的父母是英国人，后来才移民澳大利亚。

根据德尼尔母亲的回忆，德尼尔小时候曾遭遇过一次小事故，他从桌子上摔下来并撞到了头部。后来，家人常常拿此事和德尼尔开玩笑。每当德尼尔做出一些不符常理的事情时，家人都会归因于头部被撞。以至于德尼尔很讨厌别人拿他曾被撞过头部的事情说笑。

小时候的德尼尔就与许多小孩子不同。当别的男孩们聚集在一起打游戏和玩滑板的时候，德尼尔则独自一人制作刀具，他还喜欢收集各式各样的刀具。在学校里，德尼尔也总是一个人待着，他没有朋友。与周围的同学相比，德尼尔的体型太高太胖，这让他看起来很另类。

德尼尔还表现出了残忍的暴力倾向，他会用刀割掉妹妹的玩具熊的头部、杀死家里的宠物猫、肢解邻居养的羊。

十几岁时，德尼尔就开始频繁与警察打交道。13岁时，德尼尔因偷车被警方警告。两个月后，德尼尔又被警方发现报假警。15岁时，德尼尔被起诉，因为他强迫一个同学当众手淫。

成年后，德尼尔在一家超市找了一份工作。工作后不久，德尼尔交了一个女朋友名叫莎伦。莎伦对德尼尔来说是个十分特别的存在，是他唯一不憎恨的女性。在德尼尔被捕后，他说自己永远不会做出伤害莎伦的事情。当然，莎伦对他所犯下的罪行一无所知。

后来德尼尔因蓄意伤人被超市解雇，他就搬过去与莎伦住在一起，唐娜一家恰恰是莎伦的邻居。德尼尔是个不会控制自己情绪的精神异常者，他常常会极端冲动和愤怒，这导致他失去了好几份工作。

失业的德尼尔更加失控，他开始仇恨社会，每天都窝在家里看一些血腥、惊悚的电影，其中《继父》这部电影是他的最爱，他最喜欢男主人公杀人的血腥一幕，曾反复看了许多遍。

德尼尔曾提及他憎恨所有的女人——莎伦除外，所以才会找女人下手。但在2004年，此时的德尼尔正在狱中服刑，他突然意识到自己对女性不是憎恨，他内心渴望着成为一个女人。于是德尼尔将自己的名字改成更加女性化的保拉·德尼尔，并要求政府出钱让他接受变性手术。

最后，德尼尔的两项请求都被拒绝了。监狱方不同意德尼尔改名，这是规定。德尼尔想要变性成女人的要求也被拒绝了，后来他还闹到了法庭上，依然被否决。德尼尔只能留起长发，并梳成女人的发式。

在狱中，德尼尔还给哥哥大卫写了一封信。德尼尔在信中说，自己在法庭上说曾被大卫虐待过的事情是假的，当时他撒了谎，所以给大卫写信道歉。

大卫接到德尼尔的信后，第一感受是恐惧，因为德尼尔曾威胁过他，要杀了他们一家人。当时大卫专门带着妻子离开澳大利亚，搬到国外居住，直到德尼尔被捕后，大卫才带着家人回到澳大利亚居住。

不久，大卫就拿着德尼尔的信来到警察局报案，他不想与德尼尔有任何联系，他不知道德尼尔到底如何知道了自己的地址，这让他觉得受到了威胁。监狱方的负责人表示，犯人没有机会上网，德尼尔可能是通过其他方式得到了大卫的地址。负责人还提及，给家人寄信是犯人的权利，他们也不能阻止。当然如果收信人向监狱工作人员明确表示拒收犯人的信件，那么监狱方会考虑检查每一封信，确保里面的内容不会给收信人带来二次伤害。对此大卫表示，法律应该明令禁止犯人写信。他还提到，如果德尼尔立刻死去，他也丝毫不会伤心，更不会掉一滴眼泪。

【完全以自我为中心】

每个人都对自己的生活、工作或学习抱以期待，当现实无法满足期待，人们会产生挫败感，这是人之常情。我们都希望所有的一切能够按照自己的意愿发展，同时我们也知道这是不可能的，因此当遇到不如意的时候，我们会想办法调节自身的情绪，让自己尽快从挫败感中走出来。但像德尼尔这样的罪犯不会这样想，他们会将所有的怒气都发泄出来，将所有的责任都推到外界因素上。例如德尼尔就把自己的杀人行为推到屡次失业这个外界因素上，失业的人多了，有谁会像他一样残忍地杀人？

对于罪犯来说，他完全以自我为中心，希望所有的人、所有的事情都能按照他的要求来，一旦有背离他期望的事情发生，他就会变得非常愤怒。对于一个正常人来说，小挫折根本不必放在心上。但对于罪犯来说，小挫折会引发他冲天的怒火，就好像发生了灾难一样。

我们每个人都渴望获得他人的尊重，罪犯也是如此。当一个人感到自己的自尊被冒犯了，他就会自发地出现防御性反应，要么出现攻击行为，要么采取忽视的态度，要么认真思考他人批评的可借鉴之处。但对于罪犯来说，被冒犯极易引发他的攻击行为。最关键的是，常人所认为的一点小误会，在罪犯眼中就会成为别人在故意针对他。

对于罪犯来说，他们所想要得到的尊重就是服从，别人必须百分百按照他的要求去做，一旦表示反对，那就是在冒犯他。正因为这种思维方式让德尼尔屡次失业。对于德尼尔来说，所有的一切都必须得在他的掌控之中，不然他就要用暴力夺取他人的生命，因为在杀人的过程中，他感到了一切尽在掌握，这让他觉得很兴奋。

为德尼尔进行精神诊断的医生表示，和德尼尔有相同经历的人有很多，他们就没有想过杀人。德尼尔是一个无可救药的人，他的人格是病态的，根本无法医治。德尼尔不仅毫无悔改之心，还经常提及杀人的过程，好像能从中获得快感。如果不将德尼尔关起来，一旦他的快感消失他就会再次杀人。毕竟现实生活无法完全按照德尼尔的期望进行，他只能从杀人中获得绝对的掌控感。

Criminal Psychology

跨世纪的漫长审判——

马克·迪特鲁

1995年8月15日，比利时首都布鲁塞尔市的警方在接到一个匿名报警电话后，迅速派人来到沙勒洛市郊外的一栋住宅，据报警人称，这栋住宅里有人非法囚禁儿童。住宅里有一个极其隐秘的地牢，里面关着两名少女，分别是14岁的拉蒂蒂娅·德尔海兹和12岁的萨宾·达丹妮。她们赤裸着身体，已经被折磨得奄奄一息。

两天后，警方在搜查住宅后院的地窖时发现了4名被害少女的尸体。很快，被害人的身份被确认了，分别是1995年6月22日失踪的17岁安·马卡尔和18岁埃夫杰·兰姆布雷克斯以及1995年6月24日失踪的8岁朱丽叶·勒琼和梅丽萨·鲁索。

随即，警方就抓住了犯罪嫌疑人马克·迪特鲁。经调查，警方发现迪特鲁虽然是个失业电工，却生活得很富裕，他拥有7处私人住宅，每个月都有神秘的人给他汇入大笔款项。迪特鲁的妻子米歇尔·马丁是他的帮凶，据迪特鲁交代，那两名8岁女孩的死亡完全是场意外，他当时因盗窃罪短暂被捕，曾嘱咐妻子给两名女孩食物，但是米歇尔没有听他的话，结果两名女孩就饿死在了地牢里。

虽然案件很快侦破，但迪特鲁却迟迟没有被判刑，这起事实清楚、证据确凿的案件经历了跨世纪的漫长审判，足足耗费了比利时当局8年的时间和470多万欧元，有关卷宗长达50万页。

1998年，迪特鲁在比利时再次掀起轩然大波，甚至还导致了比利时国家警察总长和司法部部长的辞职，因为他越狱了，不过他很快就被抓回来了。后来，迪特鲁还差点被无罪释放，因为他的辩护律师声称，迪特鲁被司法部门关押了这么多年都没有提起任何控诉，这已经违反了欧洲人权法。

2004年3月1日上午7点左右，比利时现代史上最昂贵的审判开始了，迪特鲁与前妻米歇尔由一辆装甲车押送到比利时南部小城阿尔隆市接受审判。法庭外面聚集了许多来自欧洲各国和加拿大的新闻媒体记者。

陪审团由8男4女组成，从审判开始就被隔离在一个军事基地，其间有两位陪审员由于明确表示对迪特鲁极其厌恶而被候补陪审员替换。

在法庭上，迪特鲁还像往常一样满不在乎。在法官与律师讨论陪审团人选时，迪特鲁先是一副无所谓的样子，后来还打起了瞌睡。在回答法官问题的时候，迪特鲁也心不在焉。

萨宾·达丹妮作为幸存者之一，出现在法庭上指认迪特鲁。在面对迪特鲁这个恶魔和媒体时，达丹妮表示："这一刻我已经等了8年，我要盯着迪特鲁对他说，不论他如何折磨我，我都没有发疯，也没有忘记所经历的一切，我要向他证明，我好好地活着。"

达丹妮还提供了一份证据，即一本秘密记载着一些"密码"的课本。当达丹妮被关在地牢时，每当迪特鲁出现在地牢里，她就会悄悄在课本上画一个"叉号"；如果迪特鲁强奸她一次，她就会画上一个"星号"。自始至终，迪特鲁都没有发现达丹妮的秘密。

2004年6月22日，法庭在耗时三个半月后终于宣判，迪特鲁谋杀罪、奸淫幼女罪、绑架儿童罪、走私毒品罪和贩卖人口罪罪名成立，判处终身监禁，米歇尔被判处30年监禁。

在比利时公众看来，恶魔终于得到了应有的惩罚，大家都松了一口气。就像受害人家属贝蒂·马乔在接受采访时说的那样："我感到松了一口气，很高兴审判终于结束了，它耗费了我们太多的时间、精力，现在我们全家都能好好生活了。"

2013年2月4日，这是迪特鲁入狱服刑的第17年，他提出了假释请求。迪特鲁的这个请求符合比利时法律规定。在比利时，凡是被判处终身监禁的罪犯，在服刑15年以上后，均有权提出假释请求。于是警方将迪特鲁送到布鲁塞尔市中心法院接受聆讯。

在2012年，迪特鲁的帮凶、前妻米歇尔申请假释并获得了批准。这在当时引起了不小的轰动。当比利时公众得知迪特鲁也可能获得假释时，纷纷聚集在法庭外高声抗议，希望处死比利时历史上的头号恶魔。2013年2月18日，迪特鲁的假释申请被法庭驳回。

迪特鲁出生于1956年，从十几岁时就开始无恶不作，因嫖娼、偷窃频繁出入警察局。二十多岁时，迪特鲁在和一名同伙潜入一名58岁的单身妇女家偷窃时，为了逼迫对方交出所有积蓄，不断用刀刺向对方。

1985年，迪特鲁首次犯下强奸罪，被害人是一名19岁少女。从那以后，迪特鲁和同伙就干起了绑架、强奸少女的勾当。1989年4月，迪特鲁因盗窃汽车、强奸5名少女被判处13年6个月的监禁。在1992年4月，迪特鲁假释出狱，因为比利时当局颁发了一项对强奸犯的特赦令。出狱后，迪特鲁依旧不思悔改，开始囚禁、强奸少女，甚至还闹出了人命。

在比利时，迪特鲁已经成为恶贯满盈的代名词，那么他的犯罪动机和心理到底是怎样的呢？他是否与许多连环杀手一样，成长于一个糟糕的家庭呢？

根据迪特鲁的说法，自己会变成一个恶魔、犯下不可饶恕的罪行，原因完全归结于父母，是父母不恰当的养育方式造就了他。在接受审判时，迪特鲁不仅对父母出言不逊，而且提到了一桩旧事。在他小的时候，就被母亲送到农业学校读书，当时大多数孩子都进入普通中学读书。迪特鲁觉得父母对自己一点儿也不负责，只想着将他培养成一个马夫。

迪特鲁的母亲劳温斯表示，迪特鲁从小就表现出极强的玩弄和控制别人的倾向，难以管教。但是当劳温斯得知儿子犯下的罪行时，她十分震惊，感觉自己好像被大水淹没了一样，她从未想过儿子会犯下如此重罪。对于儿子被判处终身监禁的下场，劳温斯没有一点儿同情，她已经没有理由将迪特鲁继续看成自己的儿子。当劳温斯得知迪特鲁申请假释的消息后表示，迪特鲁不适合被假释，因为他总是试图将自己犯下的错归咎于他人。

迪特鲁的父亲维克托是个无政府主义者，曾经担任过老师。在迪特鲁 14 岁时，维克托就与妻子离婚了。在维克托看来，迪特鲁就是个杀人不眨眼的变态色魔，根本不是自己的儿子。当被问到他是否是迪特鲁的父亲时，维克托回答说："从法律的角度看，我是他的父亲，因为我养育了他。迪特鲁从小就很难管教，即使挨打也会从事犯罪的勾当。"

【自称受害者】

在迪特鲁看来，自己是没有问题的，所以他才在犯下严重罪行后表现得十分怠慢，丝毫没有悔过之心。迪特鲁将所有的责任都推到父母身上，认为是父母错误的教养方式才导致自己变成了一个恶魔。

劳温斯提到，迪特鲁从小就十分善于操纵别人。许多像迪特鲁这样的心理变态者特别擅长利用正常人的情感来操纵他人，例如自称是受害者，将他人的言辞或行为说成是对自己的欺辱，从而博得人们的同情。也可以说，是利用他人的同情心来达到操纵的目的，从而推卸罪责。劳温斯就说，迪特鲁是个十分擅长将自身所犯下的错误归咎于他人的家伙。

维克托曾试图管教、约束迪特鲁，但丝毫没有效果，于是他只能放弃。当父母意识到自己的孩子出现犯罪倾向的时候，通常都会十分紧张，会担心孩子做出难以挽回的事情。为了避免悲剧的发生，父母会尝试改变孩子的不良行为，例如严厉教训孩子不能偷窃等。但对于像迪特鲁这样具有犯罪人格的人来说，父母越是管束，就越会遭到抵抗，他越是会给父母带来麻烦，于是迪特鲁的父母渐渐放弃了这个儿子。

精神病医师瓦尔特·丹尼斯在了解了迪特鲁的案例后，认为迪特鲁是个十足的心理变态者，根本不知情感为何物，也不会表露出任何情感，人们所拥有的责任心或罪恶感，他统统没有。由于迪特鲁的被害人年龄都很小，所以许多人都觉得迪特鲁就是个恋童癖。丹尼斯并不认同这种广泛流传的说法，他觉得迪特鲁的性取向不仅仅局限于儿童，他之所以找未成年人下手，是因为未成年人更容易被他操控，更容易上当受骗。

Criminal Psychology

河中频现的尸体——
罗纳德·约瑟夫·多米尼克

2006年12月，路易斯安那州的警方抓住了一名42岁的男子，他名叫罗纳德·约瑟夫·多米尼克，并在他的房车里发现了一些谋杀案的DNA证据，DNA证据显示多米尼克至少与两起谋杀案有关。最终，多米尼克向警方承认，自己在1997年至2005年之间杀死了23人，被害人全是男性，年龄在16岁到46岁之间。之后，多米尼克开始交代自己何时、何地、如何杀死了这23名被害人。

多米尼克是个矮小、肥胖、谢顶的同性恋，当周围的人知道他的同性恋倾向后只会嘲笑他、欺负他，为此多米尼克一直小心翼翼地隐藏着自己的性取向。

21岁时，多米尼克终于鼓起勇气给心仪的男人打电话告白，对方不仅没有接受多米尼克的心意，反而臭骂了他一顿，说多米尼克在骚扰他。最后这个

男人报警了，告多米尼克骚扰。当时没有针对男性被骚扰的法律，所以这项控告不了了之了。

从那以后，多米尼克的脾气变得暴躁了许多。只要有男人敢拒绝他、嘲笑他，一定会被他痛扁一顿，为此多米尼克频繁出入警察局。

由于外表不占优势，多米尼克只能通过花钱来找男人，他开始频繁出入同性恋酒吧，找男妓来满足自己的需求。由于多米尼克总会向男妓提出一些变态的要求，他在男妓中的口碑变得很差，没有男妓愿意接多米尼克的生意，就算有男妓愿意，所提出的价格都会高许多。对此多米尼克并不在意，反正他也不缺钱。

1996年，32岁的多米尼克因涉嫌强奸一名流浪汉被警方逮捕，最终他被判处了3个月的监禁。3个月的监禁生活并未让多米尼克改过自新，反而使他产生了一个可怕的想法。

监狱的生活十分艰辛，多米尼克很后悔被关进监狱，他认为这一切都是流浪汉的错，如果他在强奸后杀死那个流浪汉，那他就不会被控告，也就不用在监狱里受苦了。

3个月后，多米尼克出狱了，不久之后他就强奸并杀死了一个男人，被害人是一名19岁的男妓，名叫大卫·勒布朗。多米尼克将大卫骗到自己的房车上后，就用绳子将其绑住，然后开始虐待、折磨大卫。当他尽兴后，用绳子勒死了大卫。大卫的尸体则被多米尼克随意丢弃在路边的小河里。因为多米尼克很喜欢将尸体抛弃到小河里，因此被媒体称为"小河杀手"。

半年后，又有一名男妓死在了多米尼克的手中，他是20岁的盖里·皮埃尔。盖里与大卫一样都遭受了虐待和折磨，不同的是盖里是溺死的。警方发现盖里的尸体后认为，盖里应该是被打晕后，被凶手按在小河里溺死的。

第三名被害人是个38岁的流浪汉，名叫拉里·兰森。当时多米尼克主动提出花钱买拉里一夜，却被拉里拒绝了。随后，多米尼克提高了价格，并说自己是为了帮妻子找刺激。拉里被说动了，就上了多米尼克的房车。最后拉里被杀死，他的尸体也被丢弃在小河里。

在之后的8年内，当地先后出现了23起类似的凶杀案，被害人大多是男妓和流浪汉，也有几个是喜欢泡吧的男客人，他们的手脚都被捆绑住，并以同样的方式被杀害。警方不得不怀疑这23起命案是同一人所为，直到多米尼克被捕后，警方的这种猜测才得到了证实。

多米尼克的被捕可以说是一场意外。当时一个男人刚刚获得假释，他遇到了多米尼克，多米尼克提出了买春的要求，并给出了一个不错的价格，男人当时很缺钱就答应了。上了房车后，多米尼克就像往常一样从背后进行袭击，但这个男人当时正好转身，巧妙地躲过了多米尼克的袭击。当时男人被吓住了，赶紧逃出了房车，跌跌撞撞地到警察局报案。

警方在了解了基本情况后立刻派人去抓捕多米尼克，当多米尼克被捕的时候，他正好待在自己的房车内。随后，警方对多米尼克的房车进行了搜查，发现了两名被害人的DNA。这项发现成了警方侦破连环杀手案的重大转机。

在接受审判之前，多米尼克被暂时关押在泰勒博恩区的监狱里。检察官办公室希望法庭能判处多米尼克死刑。2006年12月4日，多米尼克被控涉嫌9起谋杀案，他将面临11项谋杀指控，其中10项为一级谋杀，1项为二级谋杀。

2008年9月，多米尼克被判处8个终身监禁，他的余生都要在监狱里度过了。

当多米尼克的罪行被曝光后，他的邻居和朋友们都十分震惊，在他们看来多米尼克是个非常和善的男人，是万万不可能犯下杀人罪的。那些曾在多米尼克家中住过的人纷纷感到后怕不已。

【监狱的功能】

监狱在人类社会中是必不可少的存在，监狱的功能主要有四个。第一个功能是威慑，由于监狱的存在，人们不得不遵守法律，不然就会被强行剥夺自由；第二个功能是惩罚，对于一些触犯法律的人来说，就必须剥夺他们的人身自由以示惩罚；第三个功能是隔离，将罪犯关进监狱，就是将他们与守法公民隔离开来，例如多米尼克，如果放任他到社会上，只会有更多的人受到伤害；第四个功能是矫治，给罪犯提供改过自新的机会。

监狱的确能给许多罪犯提供改过自新的机会，很多罪犯会在监狱里对自己所犯下的罪行进行反思，努力提升自我，例如学习很多的技能，或者攻读学位等，这些都可以帮助他们未来走向社会，更好地生活。但总有些罪犯会总结出歪理，将过错推到被害人身上，例如多米尼克。

多米尼克因强奸罪被判入狱，在监狱里他开始思考自己为什么会在监狱这个鬼地方受苦。最终他想明白了，他会入狱完全是因为留了流浪汉一条命。于是在出狱后，多米尼克开始杀死那些遭到他强奸的男人。

对于像多米尼克这样的罪犯来说，监狱之所以无法让他改过自新，是因为他的思维从来没有发生过改变。在监狱里，多米尼克没有认识到自己触犯了法律，他一直在想如何规避违法的风险，他找到了一个自认为不错的办法，即灭口。出狱后他也的确这样做了。多米尼克的屡次得手强化了他的这种想法，让他认为灭口是个好办法，毕竟在长达 8 年的时间里，他都没有被警察抓住。

不少罪犯都十分擅长从犯罪经历中吸取经验教训，他们会从中学习，避免被警方抓住。监狱是个很好的学习犯罪技术的地方，既有充足的时间，又可以向其他罪犯借鉴。那些对犯罪充满了渴望的罪犯，一旦走出监狱就会立刻犯罪，他们甚至会在服刑期间就开始策划走出监狱后的犯罪活动。

Criminal Psychology

扒火车流窜作案的铁路杀手——
马图里纳·雷森迪兹

1997年8月29日，一对来自肯塔基州大学的情侣为了尽快赶到一个聚会现场，决定从学校附近的铁路沿线抄近路。他们在铁路附近遇到了一个凶恶的男人，他将21岁的克里斯托佛·梅尔用一块约50磅重的巨石砸死。然后梅尔的女友被该男子强奸，幸运的是梅尔的女朋友死里逃生，并报了警。

该案的凶手就是通过扒火车流窜在美国各州的墨西哥杀人狂马图里纳·雷森迪兹，被称为"铁路杀手"。从1986年起，雷森迪兹就数次潜入美国境内，屡屡扒火车在各州流窜并沿途制造命案。到1997年，雷森迪兹杀人的次数越来越频繁，进入了作案高峰期，让生活在铁路沿线的居民惶惶不安。

据统计，雷森迪兹至少制造了15起命案，其中在得克萨斯州犯下了8起命案，伊利诺伊州和佛罗里达州各两起，肯塔基州、加利福尼亚州和佐治亚州各1起。

1998年12月17日，休斯敦一名医生被发现死在了家中，她名叫克劳迪亚·本顿，就住在铁路附近。尸检结果显示，克劳迪娅的身上有多处刺伤，被人殴打致死，生前遭受过性侵。

1999年5月2日，得克萨斯州的一对夫妻——46岁的诺曼和凯伦在家中被人用大锤杀死。

一个月后，法耶特郡再次出现命案，这里距诺曼家还不到4英里。被害人是73岁的约瑟芬娜·康维卡，在花园中被人用一把铁镐杀死。

又过了一个月，26岁的诺埃米·多明格斯在休斯敦的家中被人殴打致死。

上述谋杀案的凶手都是铁路杀手雷森迪兹。频频出现的命案，让许多美国人都活在铁路杀手的阴影下，被压得喘不过气来。

1999年6月15日，伊利诺伊州小镇戈勒姆出现了命案，被害人是一对父女——80岁的老人乔治·莫贝尔和他51岁的女儿卡罗琳·弗雷德里克，他们的住所距离铁路不到100米。雷森迪兹早早地在莫贝尔家中埋伏，他等莫贝尔驾车出门后，就从窗户跳进了屋子。等莫贝尔回家后，雷森迪兹轻易地将其制服，并用电话线将莫贝尔绑在躺椅上，拿了一把猎枪打死了莫贝尔。卡罗琳由于来为父亲打扫房间，也没能逃脱雷森迪兹的毒手，雷森迪兹用枪托砸死了卡罗琳，他用力之猛，以至于枪托裂成了两半。杀人后，雷森迪兹并未马上离开，他逗留了几个小时，从容地找东西吃，还翻看照片，浏览了当天的报纸，在房屋内到处溜达，留下了许多指纹。

在短短两年内，雷森迪兹杀死了十多个人，被警方和FBI列为十大通缉要犯之一，悬赏金额从最初的5万美元提升到12.5万美元。可雷森迪兹是流窜作案，想要抓住他十分困难。雷森莫兹的作案手法简单而致命，只需要三步即可。第一步，瞄上一列火车；第二步，非法扒火车，随意地在一个地方下车；第三步，杀人劫财、强奸后再扒火车逃走。雷森迪兹经常在得克萨斯州中部犯罪，不时也会流窜到北部的肯塔基州、伊利诺伊州等地作案。雷森迪兹还很狡猾，为了干扰警方的调查工作，在逃亡中多次换名，光使用过的假名就有20多个。

让美国警方扼腕不已的是，在1996年6月2日，雷森迪兹被美国边境巡逻队抓住，当时雷森迪兹正试图非法入境。当时针对雷森迪兹的全国通缉令已经发出了，不过由于电脑系统出错，美国移民局在将雷森迪兹的指纹与照片在网上进行比对后，电脑系统显示此人记录清白。移民局只当雷森迪兹是个非法偷渡者，将此人遣返回墨西哥了事。被遣返后不久，雷森迪兹很快再次成功潜入美国，两天内，先后在休斯敦和伊利诺伊州两地杀害了两位妇女及一对父女。

在通缉令上，警方这样描述雷森迪兹：身高171cm，体重63~67.5公斤，黑头发，棕色眼睛，肤色黝黑，前额、左臂及右手无名指均有伤疤。经常以打零工或做汽修工来掩饰自己的身份。

雷森迪兹显然已是极具危险性的罪犯，不然他也不会登上十大通缉要犯的名单。美国警方派出了200多名警察全天候地在铁路沿线等待雷森迪兹，但雷森迪兹却一直没现身，警方只能另想他法。警方找到了两个主要人物，决定对雷森迪兹进行诱捕。这是两个女人，与雷森迪兹的关系十分密切，一个是他的妻子茱丽叶塔·雷耶斯，另一个是他的姐姐玛略拉。

茱丽叶塔被警方从墨西哥老家请到了美国休斯敦。茱丽叶塔在了解了基本情况后，表示愿意和警方合作，并主动交出了丈夫寄给她的93件珠宝，她知道这些东西都是被害人的。茱丽叶塔的猜测没有错，被害人之一诺埃米·多明格斯的家属就认出了其中的13件物品。

1999年7月13日，雷森迪兹终于自首。其中玛略拉起到了十分关键的作用，雷森迪兹正是在姐姐马略拉的劝说下才答应自首。这个诱捕方案是得克萨斯州一位年轻警察想到的，他注意到雷森迪兹虽然狂妄，却十分佩服自己的姐姐，而且说过玛略拉是他唯一佩服的人。

玛略拉被警方找到后虽然同意劝说弟弟自首，但提出了三个条件：一、警方要保证雷森迪兹在狱中的安全；二、警方要准许亲属探监；三、对雷森迪兹的精神进行全面检查。

答应自首后，雷森迪兹在姐姐的陪同下来到了位于墨西哥的一座跨国大桥上，这是他与警察卡特约定的地点。当卡特看到雷森迪兹出现的时候十分激动，他清楚地记得当时雷森迪兹穿着一条肮脏的牛仔裤和一双泥迹斑斑的靴子。

很快，雷森迪兹就接受了审判，并被判处死刑，执行日期定于2006年5月10日。不过由于辩护律师提出了做附加心理测试的要求，法官只能将行刑日期推迟。辩护律师声称，雷森迪兹有精神错乱，自认半人半神，还说自己在被处死3天后可以起死回生，鉴于雷森迪兹的精神状况异常，辩护律师认为他不适合接受死刑。

在之后的3天内，得克萨斯州休斯敦地区举行了听证会，法官威廉·哈蒙拒绝了辩护律师的意见，批准执行死刑。控方选择的心理学专家在对雷森迪兹进行了几个星期的检查后认为雷森迪兹可能有妄想症，但不是精神分裂症，适合接受死刑。

2006年6月27日，这天是雷森迪兹接受注射死刑的日期，被害人家属们纷纷聚集在得克萨斯州监狱观看这个恶魔被处死的整个过程，在被注射毒针前，雷森迪兹看着被害人家属们说："希望你们能宽恕我，我知道自己让恶魔统治了我的生活，你们本不应该承受失去亲人的痛苦，这一切都是我罪有应得。"

美国得克萨斯州允许判处死刑，那么雷森迪兹为什么要选择自首呢？有人认为，雷森迪兹害怕被民众举报，毕竟当时他已是全美通缉要犯，警方给出的赏金也很高，为了避免被举报，就选择了自首。

1960年8月1日，雷森迪兹出生于墨西哥。他的母亲维吉尼亚表示，在青年时期，雷森迪兹就离开了他，在一个缺少管教的家庭中生活。正因为如此，雷森迪兹的性格才会变得如此残忍，她还说儿子很可能被同性恋侵犯过。

有人认为，雷森迪兹在制造系列谋杀案以前，已经是个惯犯，很可能从20多岁就开始杀人。美国联邦调查局前探员约翰·道格拉斯认为，雷森迪兹刚开始只是向和自己一样的偷渡者下手，后来因多次被美国遣返回墨西哥，雷森迪兹开始变得恼羞成怒，对所有的人都心存怨恨，最终有了杀人的想法。

1976年，年仅16岁的雷森迪兹因试图非法潜入美国境内被逮捕，两个月后他被遣返回墨西哥。这是雷森迪兹第一次被美国司法部门抓住。从那以后的数十年，雷森迪兹变得越来越狡猾，多次成功扒火车潜入美国境内并作案。

1979年9月，雷森迪兹因偷窃罪、杀人罪被判入狱20年，之后他一直在迈阿密的监狱里服刑。在服刑的第6个年头，雷森迪兹被释放并遣返回国。之后雷森迪兹开始经常非法进入美国境内，就像挥之不去的苍蝇一般，被抓住遣返后，会继续非法入境，这样的戏码反复上演了许多次。在1986年到1995年期间，雷森迪兹因行骗、非法持有武器、入室盗窃等罪名被捕入狱，每次他被关押一两年就从监狱里出来了。当时警方只觉得雷森迪兹是个偷窃的惯犯，并未将他与铁路杀手联系起来。

【敌意性攻击和工具性攻击】

约翰·道格拉斯认为，雷森迪兹是个做事毫无计划的人，他的作案都是随性的，什么时候想进入美国境内了，就扒火车，然后在铁路沿线地区观察，寻找下手的目标。正因为这种毫无计划性，让警方抓不到他。雷森迪兹会扒上任意一趟列车，就连他自己也不知道这趟列车会开往哪里，警方很难跟踪这样一个自己都不知道要去哪儿的人，而且雷森迪兹没有常住地址。瞄准目标后，雷森迪兹会潜伏到窗外偷看，从而了解房子的主人。

雷森迪兹选择被害人也很随意，有男人有女人，也有老人。那么雷森迪兹的作案动机到底是什么呢？警方认为雷森迪兹会伸出罪恶的双手，往往都是为了一些微不足道的东西，比如酒精、毒品、藏身地或一笔小数目的钱。

雷森迪兹的杀人行为是一种极其恶劣的攻击行为，根据攻击者的攻击目标或攻击的回报，可以将攻击行为分为两类，即敌意性攻击和工具性攻击。

敌意性攻击常常伴随着强烈、失控的愤怒情绪，攻击者希望看到被害人遭受痛苦。许多杀人犯、强奸犯和故意伤害他人的罪犯都属于此种类型。

工具性攻击则带有目的性，攻击者希望能从他人那里获得自己想要的东西，通常是珠宝、钱财等值钱的东西。当然还有被雇佣杀人的杀手，也属于工具性攻击。通常情况下，工具性攻击不会给他人带来伤害，因为攻击者的目的只是为了获得值钱的东西，但如果有人阻碍他，那么攻击者为了达到目的会被迫杀害他人。

有的学者并不认同敌意性和工具性这种划分方式，认为不应该将攻击行为一分二，有许多攻击行为的动机很复杂，具有多样性，简单的二分法根本无法解释一些特殊的攻击行为，例如雷森迪兹的案例。雷森迪兹的攻击行为显然既是敌意性的又是工具性的。他因多次被捕遣返而恼羞成怒，开始对所有的人心存怨恨。而且，雷森迪兹每次杀人后都会从被害人那里拿走一些东西，例如珠宝。

Criminal Psychology

甘蔗园里被焚毁的女尸——
西甫·拓拉

马科斯·杜耐是南非东海岸的一个港口城市德班的警察，从1997年的春天起，他开始被一个噩梦纠缠，整个人变得非常情绪化。杜耐在2月的一天接手了一起命案，之后在同一片地区出现了一连串的尸体。别说杜耐，当时整个凤凰城都笼罩在这种恐怖的气氛中。

凤凰城处于德班市的郊区，这里有一个甘蔗园，尸体就是在甘蔗园里发现的。两千年前，非洲的黑人从内陆迁移到德班生活。19世纪中期，德班成了英国的殖民地，从那以后这里就开始大量种植甘蔗，制糖业也随即发展起来。随着种族隔离政策的结束，许多黑人被德班的经济高速发展所吸引，纷纷来此地谋生。有些黑人的确在德班改善了生活，但也有不少黑人只能在德班市边缘的贫民窟讨生活。20世纪90年代中期的德班治安非常混乱，暴力随处可见，犯罪率非常高，一年会有超过两千起命案发生，大多是持械抢劫引发的突发性凶杀案。

德班警察局在接到甘蔗园一名工人的报警电话后，立刻派出了警察。这名工人在工作的时候突然发现了一具严重腐烂的尸体，尸体的手脚都被紧紧地绑着，身上的衣服都被撕烂了。

警方赶到现场后立刻对尸体进行了检查，由于尸体腐烂严重，很难分辨出死因，只能看出死者是一名黑人女性，手脚被某种带子绑着，衣服凌乱，嘴巴里塞着肮脏的破碎衣物。

两个月后，警方再次接到报警电话，一名卡车司机在同一片甘蔗园里发现了一具腐烂的尸体，这与2月份发现尸体的现场非常接近。死者手脚被捆着、嘴巴里塞着杂物，还遭到了焚烧，警方开始怀疑凶手可能是同一人。在接下来的几周内，越来越多的腐烂的黑人女尸在同一地区被发现，到了6月份该地区已经出现了7具女尸。其中大部分死者不是被绑着双手就是绑着双脚，要么就是手脚都被绑着，有的死者的脖子还被吊带缠着。所有的死者都有一个共同的特征，她们的嘴巴里都塞着杂物。

警方意识到凶手不仅是个手段十分残忍的人，还非常狡猾，他利用蔗农烧甘蔗园的机会来为自己销毁证据，这样警方所掌握的证据就会少之又少。

在甘蔗园，通常会有一些危险的动物藏匿于此，例如野猪、毒蛇以及大型田鼠，因此每当采收之前，蔗农都会用焚烧甘蔗园的方式来驱赶危险的动物。凶手就将尸体丢弃在甘蔗园，尸体会顺便被烧掉，尸体上的证据以及犯罪现场都被大火焚毁，会给警方的调查工作带来很大的困难，甚至连被害人的身份都无法确定，因为想要辨认出焚烧过的尸体几乎是不可能的。

随着尸体发现得越来越多，德班市的警察局开始重视这起连环命案案，越来越多的警察投入该案的调查中，其中菲利普·韦德是组长。

韦德发现，被害人都是被某种带子勒死的，他猜测这种带子很可能是来自被害人的内衣。此外韦德还发现被害人嘴巴里塞着的杂物也都是取自被害人自己的衣物碎片。由于捆绑住被害人手脚的手法非常特殊，韦德推测这些命案应该是一人所为，只是凶手十分狡猾，没有留下任何属于他自己的物证。

连环命案的调查对于南非的警方来说十分陌生，想要找到凶手将会非常困难。幸运的是一名来自美国的犯罪心理学家米奇·皮斯托里博士加入了这起连环命案的调查中，皮斯托里成了调查组的心理组组长。

在美国的犯罪心理系统中，有两类连环杀手十分常见，即有组织和无组织。无组织连环杀手比较容易被抓到，因为他们的作案手法、动机都比较随意，没有明确的目标，什么时候想作案就去杀人。有组织的连环杀手掌握一定的反侦查能力，想要抓捕他们对警方来说相当困难。他们大多有明确的目标，会对自己的下一步行动做出计划，挑选特定的目标人物来杀害。

皮斯托里注意到，被害人手脚的捆绑方法很特别。她意识到他们面对的是个有组织的连环杀手，这名连环杀手的作案标志就是所使用的带子和塞在被害人嘴巴里的破布。

尸体发现地的甘蔗园周围环绕着各种住宅区，有白人居住区、黑人居住区、印度人居住区、低收入的贫民区等。虽然当地警方对这些住宅区都十分熟悉，但想要从中排查出凶手，对他们来说是一个几乎无法完成的巨大任务。甘蔗园内的地势十分复杂，有许多泥泞小道，还有许多防火巷和小径。

由于连环杀手通常只会寻找同一族裔的人下手，皮斯托里认为凶手应该是个黑人男性，毕竟本案中所有的被害人都是黑人女性。这个推测可以缩小警方的调查范围。此外，皮斯托里还认为凶手的年龄应该与被害人差不多。最终，警方锁定了黑人社区以及靠近甘蔗园的贫民窟。

这些区域的治安十分混乱，到处充斥着暴力，甚至会出现公然射杀警察的情况，居民们已经对暴力行为麻木了。而且，这些地区的居民对警察的印象很不好，他们根本不相信警察。这样一来，警方想要从目击证人那里获得关键线索就会变得非常困难，就算有居民愿意配合警方的工作，他们也不会出面作证，毕竟他们所生活的社区如黑社会一般，一旦有人与警方合作，他就会被看成告密者，很有可能遭受凶手的报复。

警方在复验以往发生的没有找到凶手的案件时，发现了3起与该案凶手手法一样的命案，还有3名少女也是以同样的方式被人杀死。由此可见，凶手已经至少杀死了10名女子，是个十分危险的人。如果不尽快将其抓捕归案，那么将会有更多的年轻女子被害。

两个星期后,警方的调查工作终于取得了重大突破,一名被害人的身份得到了确认。她名叫范琪薇·范卡,是一名祖鲁族少女,在2月14日失踪,失踪地点正是凤凰城。

范琪薇的家人向警方提供了一条关键的线索。根据范琪薇的家人反映,范琪薇是被一名黑人男子带走的。当时男子说要带范琪薇去德班市区,会给她介绍一份工作,从那以后范琪薇就失踪了。范琪薇的姐姐格蕾丝表示,她与带走范琪薇的男子见过一面,还记得他是个年轻的男子,穿着一身廉价的衣服。

根据格蕾丝的描述,警方大胆推测,凶手的居住地应该是甘蔗园旁的贫民窟,很可能独自一人居住,是一名黑人男子,年龄大概在30岁到40岁之间,以介绍工作为诱饵欺骗年轻女性上当,当带着被害人去工作地点时,会故意路过甘蔗园,然后凶手会将被害人拖入甘蔗园内杀害,借助大火焚烧案发现场。

7月,案件调查再次出现转机,有人在甘蔗园发现了一具女尸,这是此案的第11名被害人,幸运的是这次尸体保存完好,没有被大火焚烧。皮斯托里博士为了能更精确地剖绘出凶手的心理,还专门去了甘蔗园的案发现场。

皮斯托里发现,被害人的尸体脸部朝下趴着,很明显是被人勒死的,她的双手在背后绑着,绑着双手的绳子勒得很紧,她的双脚也被绑着,嘴巴里塞着衣服的碎片。

皮斯托里一边观察尸体,一边想象着案发时的场景,以便让自己更加了解凶手作案时的感受。在皮斯托里看来,凶手会将被害人的双手绑在身后,是希望避免与被害人亲密接触,将被害人的嘴巴用碎布塞住,是想让被害人不要开口说话。由此看来,凶手是害怕女人说话、害怕与女人有亲密行为的男人。

最后皮斯托里认定,凶手是个内心阴暗且憎恨女性的人,他是一名精神病患者，只要他没被抓住或死去，他就会不停地杀戮。由于凶手的犯罪过程很复杂，所以他应该至少是高中学历，或者有前科。

这起连环杀人案在媒体的大肆报道下弄得尽人皆知，一时间当地人心惶惶，尤其是生活在本地的年轻女子每天都活在恐惧之中。耸人听闻的新闻报道同时也给警方的调查工作带来了不小的压力，警方担心凶手会因此被激怒，这样将会有更多的女性被杀死。为了尽快抓住凶手，警方只能增派警力，扩大搜索规模。

一直到7月底，甘蔗园都十分平静，没有出现新的命案，但警方根本不相信凶手会就此罢手。为了寻找被藏匿起来的尸体，警方派出警犬协助搜索。很快，警方找到了两具尸体，根据犯罪现场的种种迹象推测，凶手是同一个人。

第二天，警犬在搜查工作中又找到了尸体，这是5具腐烂的尸体，死者都是黑人女子，由此可见凶手不仅没停止杀戮，反而变得更加疯狂。由于发现尸体的两个地点相距很近，只有不到几米远，警方认为凶手可能是想向新的被害人展示他曾杀死的女人。

为了弄清楚被害人的死亡时间，警方请来了昆虫学家梅文·曼沙，从而可以根据腐烂尸体内滋生的大量昆虫的生命周期来推测出被害人的大致死亡时间。根据被害人的死亡时间，警方发现凶手杀人越来越频繁，他似乎沉溺在杀人的乐趣中无法自拔。由于这7具尸体相距很近，可以看出凶手非常大胆，似乎已经到了狂妄的地步，他不担心被捕，一次次地将新的目标人物带到案发现场来杀害，同时他很可能也非常享受新的被害人看到尸体后的恐惧。

8月5日，甘蔗园再次发现一具女尸，这是凶手杀害的第19名年轻女子。被害人是一名二十出头的年轻女子，大约在两三天前被杀害。警方在被害人的尸体下面发现了一条十分关键的线索——一个带着精液的安全套，这显然是凶手犯下的一个致命错误。

　　安全套很快被送到刑事鉴定专家那里，专家从精液中提取出了一个DNA样本。但是，DNA样本并不能帮助警方找到凶手。警方接受了皮斯托里博士的建议，从犯罪记录中寻找嫌疑人，皮斯托里博士认为凶手有前科，应该留下了犯罪记录。

　　警方在调查的过程中，发现一个袭击案的被害人与连环命案的被害人十分相似。当时由于种种因素，袭击者并未被起诉，也就是说他在社会上自由地活动着。最关键的是，警方手中有这名袭击者的血清样本，只要将从案发现场提取到的DNA样本与袭击者的DNA进行比对，就可以确定袭击者到底是不是凶手。

　　DNA检测结果显示，袭击者就是凶手，他的名字叫作西甫·拓拉，居住在一个名叫贝斯特区的贫民窟，这里距离甘蔗园很近。但是这里非常混乱，没有街道名，也没门牌号，警方想要在白天抓捕拓拉将会冒着很大的风险。最后，警方决定在凌晨时分行动，趁着贫民窟最安静的时候抓住拓拉。

　　在逮捕行动开始前，防暴警察先在贫民窟的外围加强戒备，然后特种部队的武装警员跟着专案组的警察来到了拓拉的住所附近，并将拓拉居住的小屋团团包围住。

　　拓拉看到警察时，有些吃惊，但并未抵抗。警方在搜查拓拉的住所时，发现了许多证物，例如大量的女性衣物，一个装着许多内衣吊带的书包，这些带子很可能就是拓拉用来勒死被害人的作案工具。最关键的是，警方发现了一条拓拉的裤子，裤子的股沟处有血迹，经鉴定血迹属于一名被害人。

　　审讯拓拉的人并不是警察，而是十分了解他犯罪心理的皮斯托里博士。皮斯托里博士在拓拉面前坐下来后对他说："我想先向你讲一个男人的故事。这是一个很聪明、很有魅力的男人，他曾被一个女人深深地伤害过。于是，他就找一些漂亮的女孩子，会对她们说他会帮助介绍一份工作，他还提出要将她们带去工作地点。途中，他们会经过甘蔗园。他会一边走路、与女孩子聊天，一边盘算着如何杀死她们。他会随手捡起一块石头，用力击打女孩的头部让她昏倒。然后他开始脱女孩身上的衣服，将女孩的双手绑到背后，接着会将女孩的双脚并拢绑住，最后他还要将女孩的嘴巴塞住，因为他害怕听到女孩说话，我说的对吗？"

拓拉抬起头看着皮斯托里博士说："是的，我就是你故事中的男人，是我杀死了甘蔗园里的女孩们。我杀死了 19 个女孩，当然这只是我记得的数字，可能还有更多的女孩死在了我的手中。"接下来，拓拉开始描述自己如何捆绑住被害人，如何脱下被害人的衣服，等等。但拓拉却记不清楚被害人的名字和杀害她们的日期了。在陈述自己犯下的残酷罪行时，拓拉不仅毫无悔意，反而很骄傲。

皮斯托里博士问他："你到底是受过什么样的伤害，才会如此憎恨女人并做出残忍杀害女人的行为？"拓拉回答说："我曾有个女朋友，有一天她对我说，她做了流产手术，将我们的孩子打掉了。"皮斯托里博士终于明白，为什么所有的被害人嘴巴里都塞着杂物，原来女朋友的话曾刺激、伤害到了拓拉。

1999 年 3 月 31 日，拓拉在德班市高等法院接受了审判，他被判 19 项谋杀罪、一项谋杀未遂罪、三项强奸罪以及七项强奸猥亵罪，被判处 506 年的监禁。随后拓拉被送往南非普勒托利亚的 C-MAX 监狱服刑。那些被拓拉杀害的女子中，只有 8 名女子的身份得到了确认，剩下的女子由于身份无法确认，都被埋葬在无名尸公墓中。

【病态的自恋】

米奇·皮斯托里博士在抓捕拓拉的过程中提供了一条十分关键的线索，即认为拓拉曾有过前科。此外皮斯托里博士在审讯的过程中，成功让拓拉认罪，当时警方的手中虽然掌握了大量可以指控拓拉的物证，但还是希望他能亲口承认罪行。拓拉之所以会轻易认罪，与皮斯托里博士所陈述的那个故事密切相关。

值得注意的是，皮斯托里博士在叙述拓拉的故事时并未将拓拉描述成一个罪无可恕的人，反而说他是个聪明、有魅力的男人，还为他的犯罪找了一个十分充分的理由，即受到过女人的伤害。皮斯托里博士之所以这么做，是为了促使拓拉亲口承认罪行，这也是FBI在访问连环杀手时常常采用的技巧之一，即奉承。

不论FBI如何厌恶连环杀手，如何觉得连环杀手是冷血的罪人，为了能从连环杀手的口中套出话来，最好的办法就是奉承连环杀手，就像皮斯托里博士说拓拉是个聪明、有魅力的男人一样。

连环杀手常常是自负、自恋的，对自己的自我价值有种浮夸的认识，只要听到奉承话，通常都会开口说话。在一份和连环命案相关的FBI文件中，行为分析专家认为，如果在采访连环杀手的时候提到了"利己主义"的主题，那么就不会得到心理变态的连环杀手的回应。也就是说，想让像拓拉一样的连环杀手对被害人感到内疚或同情，简直就是在浪费时间，例如拓拉在描述罪行的时候就是十分骄傲的神情。相反，想要连环杀手说出真相，调查者必须得通过奉承来诱使连环杀手开口，例如称赞连环杀手的聪明才智，或是称赞连环杀手的高超作案技能。

法医心理学家斯蒂芬·戴蒙德认为，连环杀手的身上有一种"病态的自恋"，他的外在虽然是个强大的成年人，但人格却是不成熟的、自私的、以自我为中心的、愤恨的。孩子天生自恋，以自己的需求为中心，所以必须得接受社会行为的规则，渐渐成熟起来。但如果一个孩子身体已经成熟了，具备成年人的力量，但心理上还是个不成熟的、自恋的孩子，当他愤怒的时候，就会变成极度危险的人。

拓拉会在描述罪行的时候表现出骄傲，是因为他从杀戮中体验到权力感，在杀戮的过程中，他觉得自己有能力决定被害人何时死亡、如何死亡，这让他产生了一种被赋予权力的感觉，他很享受并引以为傲。

Criminal Psychology

无名小镇变身旅游热门——
约翰·邦廷

1998年11月，澳大利亚阿德莱德的警方接到一个男子的报警电话，他说自己的姐姐伊丽莎白失踪了。在过去的三四年时间内，南澳已经发生了5起失踪案，当地警方还专门成立重案组调查这些失踪案。重案组认为，失踪者极有可能已经被谋杀，他们账户上的财产在失踪后全部被转移了。重案组开始怀疑这是一起连环谋杀案，凶手至少有3人，但是警方并未发现失踪者的尸体，甚至一具尸体也没发现。当他们接到伊丽莎白的失踪案后，断定伊丽莎白已经被杀害。

伊丽莎白的私生活比较混乱，她已经结婚，有两个孩子，但在她失踪后，她丈夫马克并没有报警，似乎是觉得伊丽莎白和野男人私奔了。但伊丽莎白的弟弟觉得姐姐一定不会抛下两个孩子不管，于是就报了警。

一名目击证人告诉警方，曾在阿德莱德北部郊区的一栋房子外看见了伊丽莎白的丰田汽车。警方从另一名目击证人那里了解到，一名男子曾将可疑的装满东西的塑料编织袋往车里放，车子被塞得满满的，以至于男子不得不挤压编织袋，才将所有的编织袋都放进了汽车里。

警方从伊丽莎白的妹妹那里了解到，约翰·邦廷曾对她说伊丽莎白再也不会回来了，她和一个男人走了。伊丽莎白的妹妹曾与邦廷交往过一段时间，巧合的是她的儿子弗雷德里克在1998年9月失踪，当时她报了警，后来又取消了，因为伊丽莎白告诉她，弗雷德里克打来了电话，说要到别的地方去。从那以后，伊丽莎白的丈夫马克一直在冒领属于弗雷德里克的福利金，因为弗雷德里克智力上有缺陷，所以他可以从政府那里领取福利金。随后，警方就对邦廷进行了暗访，并发现他与两名男子在雪镇的一栋房子里活动。

1999年5月20日，距离伊丽莎白失踪已经过去了半年，警方在雪镇的一栋房子的车道上发现了一辆丰田车，根据足迹可以断定，嫌疑人4天前曾在这里居住过。后来警方才发现这栋房子是一家废弃银行。

警方在申请到搜查令后，带着录像机来到了这栋房子前，并告诉房子的主人，他的房子和车库要接受搜查。警方一进门就看到了银行柜台边有一个塑料垃圾袋，打开后发现了一个记事本，上面写着要购买空气清新剂、垃圾袋和橡胶手套等物品。随后，警方发现保险库的门紧紧锁着。

下午两点半左右，警方打开了保险库，并借着摄影机微弱的闪光灯走进了漆黑一片的保险库。起初警方只发现了钱包、胶带、钥匙、手写纸等常见物品，后来警方发现了各种刀具、铁锯、双镗霰弹枪、绳索、录音带、衣服、塑胶手套等物品，有些工具上面布满血迹，让警方不得不怀疑这是凶手用来杀人的工具。此外警方还发现了一些电击的工具，后来警方才知道这是凶手用来对被害人的敏感部位进行电击而专门准备的。

接下来，警方发现了6个黑色大胶桶，当打开后，他们看到了一幕非常恐怖的场景，在场的所有警察都被眼前的景象吓得目瞪口呆，桶里面浸泡着被肢解后的人体碎块，还有十几条人腿。桶里面的液体应该是凶手用来溶解尸块的。后经鉴定，这些尸体碎块最少来自8名被害人。

很快，警方就将约翰·邦廷抓捕了，他还有3名同伙，分别是罗伯特、詹姆士、马克。不过大部分的谋杀案都是邦廷、罗伯特、詹姆士所为，马克只是后来加入的，他主要协助3人毁尸灭迹。这4个人中，邦廷是主谋。

按照邦廷的说法，他们只针对同性恋或者他们认为的同性恋下手，因为他们痛恨同性恋。但罗伯特却是个双性恋，男女通吃，曾与一名被害人巴里住在一起。

邦廷第一次杀人是在1992年8月，被害人是年仅22岁的克林顿。邦廷从一些人口中听说过克林顿的事迹，觉得他是个恋童癖，于是就将克林顿骗到自己家中做客，趁着克林顿在客厅看电视的时候，用铁铲从背后狠狠地击打克林顿的头部，克林顿当场死亡。其实克林顿是个身世悲惨的年轻人，从小被人收养，好不容易长大成人，却在刚刚独立生活不久就被邦廷杀死。1994年，克林顿的尸体被发现，他的尸体被埋在一个很浅的坟墓里。

1997年，詹姆士从邦廷口中得知了克林顿被谋杀的真相。当时，詹姆士同母亲、邦廷一起观看一个电视节目，节目里谈到了克林顿被害案，邦廷就忍不住向两人吹嘘起来，说这是他的"杰作"，他杀死克林顿后，就让罗伯特、巴里（第四名被害人）帮忙一起处理了尸体。

邦廷的第二次谋杀发生在1995年12月，被害人雷·戴维斯是一名智障残疾人。戴维斯就在一辆大篷车里生活，一天一个女人来到了大篷车前，她是戴维斯的前女友苏珊，苏珊大声斥骂戴维斯，说他骚扰自己的孙子，虽然戴维斯极力否认，这件事情还是被人们宣传了出去，于是他成了邦廷的第二个目标人物。

邦廷在罗伯特的帮助下绑架了戴维斯，把他塞进后备厢带到一栋房子里。邦廷与罗伯特两人强制将戴维斯摁在浴缸里，然后坐在浴缸旁边，用一根铁棍不断朝着戴维斯的腹股沟处击打，最后戴维斯被两人折磨致死，他们将戴维斯的尸体埋在了房子的后院里。邦廷等人被捕后，警方在邦廷租过的房子后院挖出了戴维斯的尸体残骸。

戴维斯的失踪并未引起周围人的注意，许多人都以为戴维斯搬走了，而邦廷却一直以戴维斯的名义冒领政府发放的福利救济金。

警方还在邦廷租住的房子后院挖出了戴维斯恋人苏珊的尸体，她的尸体被肢解后装在 11 个不同的塑料袋中。对于苏珊的死，邦廷等人坚称苏珊不是他们杀死的，是因为心脏病突发而死亡，当他们发现苏珊死了后就隐藏了她的尸体，并冒领了苏珊 17000 澳元的养老金。最终控方撤销了关于谋杀苏珊的指控，因为控方手中缺乏证据。

邦廷杀死的第三名被害人名叫迈克尔，迈克尔不仅是个同性恋者，还公开了自己的性取向。邦廷得知后，对迈克尔这个同性恋十分不满，于是就伙同罗伯特杀死迈克尔，后来邦廷想利用迈克尔的个人资料冒领福利金，不过没有成功。邦廷和罗伯特将迈克尔的尸体与第四名被害人巴里的尸体塞进了一个黑色大胶桶里，由于桶盖盖不上，他们只能将迈克尔的一条腿切割下来。

第四名被害人巴里是双性恋罗伯特的同性恋人，他在罗伯特 13 岁的时候就开始了同性关系。巴里不仅是个公开的同性恋者，还喜欢男扮女装。巴里通过罗伯特认识了邦廷，甚至还帮助邦廷一起处理了第一名被害人克林顿的尸体。巴里从来没想过，邦廷会对他起杀心。在邦廷心里，巴里就是一个肮脏的恋童癖，再加上他听人说巴里的嘴巴不牢，他担心巴里会将自己杀死克林顿的消息散播出去。

1997 年 10 月的一天，巴里的母亲接到了儿子的电话，电话中巴里的表现与平常大不相同，他不仅对母亲破口大骂，还说会搬到昆士兰州，再也不与母亲见面。从那以后，巴里的母亲就再也没有见过儿子。巴里失踪后，他的母亲去警察局报案的时候，提到了这个不同寻常的电话，她说除了儿子的声音外，她还听到了嘶哑的"咯咯"笑声。

这个电话是邦廷与罗伯特强迫巴里打给母亲的，他们这么做，是不想有人对巴里的失踪感到怀疑。那天，他们二人绑架了巴里后，就不停地用钳子折磨巴里，最后杀死了巴里，将巴里的尸体与迈克尔一并塞入黑色大胶桶内，他们还将巴里的车据为己有，并冒领着巴里的福利金。

根据邦廷的交代，他并不想和巴里交朋友，只是觉得能从巴里那里得到当地恋童癖们的信息，这样可以方便寻找杀害对象。

第五名被害人是巴里的朋友，名叫托马斯，是一名精神病患者，在1997年曾与巴里租住在同一栋房子里5个月。托马斯总是穿着一身军装，有时候会长时间外出徒步，只要他听到门外发出不寻常的声响，就会拿起刀子冲到外面。

据说，托马斯之所以会成为邦廷的下一个猎物，是因他曾协助邦廷和罗伯特一起杀死了巴里，并将此事告诉了他人。邦廷为了避免托马斯继续泄密，就决定杀人灭口。

1997年11月5日，警方在阿德莱德山上发现了托马斯的尸体，由于托马斯的尸体吊在那里，警方便认为他是自杀身亡的。但实际上，邦廷和罗伯特将托马斯带到阿德莱德山上后，就强迫他站在一个盒子上，用一根绞索套在托马斯的脖子上，然后踢掉了下面的盒子，托马斯就这样被吊死了。

第六名被害人是31岁的加文，经常吸毒。加文与从犯詹姆士在维州认识，1998年他搬到南澳与詹姆士居住在一起。邦廷在与加文的短暂相处中，发现加文就是一个只会吸毒的废物，他认为加文这样的人活着简直就是一种资源浪费。一天，一次意外的发生，让邦廷对加文起了杀心。他坐在沙发上时被一个尖锐的东西刺痛了，当他仔细查看的时候，发现那是一个被用过的注射器，邦廷十分恼火，他知道这是加文这个瘾君子不小心落下的。

趁着加文在汽车上睡觉的时候，邦廷和罗伯特拿着一根绳子悄悄打开车门从后面进入，他们将绳子套在加文的脖子上，将他勒死了。

加文没了气息后，邦廷和罗伯特就将加文的尸体抬到后院，等着詹姆士回来展示。詹姆士一回来就被邦廷带到后院看加文的尸体，他注意到加文的尸体旁边有一个黑色的大胶桶，上面盖着盖子。邦廷将盖子打开后，命令詹姆士往里面看，结果詹姆士看到了一大堆人的尸体碎块，詹姆士立刻忍不住呕吐起来，邦廷不以为然，还为詹姆士介绍，指着桶里的尸块说这是巴里的屁股，那是迈克尔的大腿。后来，在詹姆士的帮助下，加文的尸体被塞进了大胶桶里，他还帮着邦廷和罗伯特隐瞒并捏造加文的下落。

第七名被害人名叫特洛伊，与詹姆士有血缘关系。詹姆士曾告诉邦廷，自己年轻的时候曾被特洛伊性骚扰过。后来，邦廷就以此怂恿詹姆士报仇。

1998年8月的一天晚上，邦廷、罗伯特和詹姆士潜入特洛伊的房间，将熟睡中的特洛伊叫醒，然后开始殴打特洛伊，并给他戴上手铐，将特洛伊拖到浴室的浴缸里，开始不停地用钳子折磨、虐待特洛伊。后来，他们强迫特洛伊录下了一段话，让特洛伊说自己曾对詹姆士进行过性虐待，还说自己将要到珀斯去。然后，他们用一根蓝色的绳子勒死了特洛伊，并将特洛伊的尸体裹上垃圾袋存放在棚内。后来，特洛伊的尸体被肢解并放进大黑胶桶，并被运送到雪镇。

第八名被害人弗雷德里克是邦廷前女友、伊丽莎白的妹妹的孩子，之前他一直与母亲在昆士兰居住，但搬到阿德莱德没多久就被杀害了。因为邦廷认为弗雷德里克是个肮脏的人，肯定也是一名恋童癖，实际上弗雷德里克只是智力上有缺陷。

1998年9月17日，弗雷德里克被邦廷等人绑架并杀害，生前弗雷德里克被半裸着扔在浴缸里，他的双手被铐住，之后他遭受了非人的虐待和折磨。等弗雷德里克被虐待致死后，邦廷等人将他的尸体裹上塑料并装进了汽车的后备厢内。邦廷在接受审判的时候，提到了弗雷德里克，认为他是好样的，能忍受痛苦，被折磨的时候没有尖叫。

邦廷等人还强迫弗雷德里克录下了各种辱骂的句子，要他称邦廷和罗伯特为上帝或主人，并强迫他承认曾对年轻女孩进行过性虐待。最后，弗雷德里克被迫交出了自己的银行账号密码和其他的财务资料。

第九名被害人是29岁的加里，是一名智障残疾人，他早年遭遇过一场车祸，从那以后智力就大不如从前了。邦廷发现加里一个人居住，于是就开始向詹姆士打听加里的情况，看看南澳是否还居住着加里的家人。邦廷认为，加里是个很容易得手的目标，如果他在南澳没有家人，那么他失踪后也就不会有人报警。邦廷在得知加里独自一人在南澳居住后，就命令詹姆士将加里骗到他们的住所。

等詹姆士将加里带来后，邦廷等人装作十分好客的主人，让加里喝了许多酒，趁着加里不注意，邦廷从后面抓住他的手，给他戴上了手铐。根据警方在雪镇发现的加里尸体上的烧伤痕迹，他生前遭受了各种各样的折磨，尤其是电击所带来的疼痛，因为这些烧伤的痕迹都是通过使用工具进行电击而造成的。

第十名被害人伊丽莎白是第八名被害人弗雷德里克的姨妈。邦廷觉得伊丽莎白就是个行为不检点的婊子和下等人，所以与罗伯特一起杀死了她。案发当天，伊丽莎白被邦廷与罗伯特拖进浴室，她实在忍受不了折磨，乞求他们饶过她，她说如果他们只是想要性，只要开口她就会答应，不必这么折磨她。邦廷等人实在不愿意听到伊丽莎白求饶，就在她的嘴巴上粘上胶带，最后伊丽莎白被绳子勒死了。

伊丽莎白的失踪让警方查到了邦廷和罗伯特的身上，当邦廷意识到自己被警方盯上后，就与罗伯特一起悄悄将所有装着尸体的黑色大胶桶转移到了雪镇的废弃银行里。直到警方追查到雪镇，邦廷等人的罪行才被发现。但此时的邦廷并未因警方的追捕而放弃杀戮。

第十一名被害人名叫大卫，与詹姆士是继兄弟。大卫是个十分讲究穿着时尚的年轻人，这让邦廷非常看不惯，于是他就成了邦廷的目标。

大卫在听到詹姆士说有人出售一台便宜的二手电脑后，就在深夜跟詹姆士来到了雪镇的那个废弃银行。当大卫一走进废弃银行，他就被罗伯特抓住并勒住脖子，然后双手被铐住。接下来，大卫被迫交出自己的银行账号和密码。

之后詹姆士和罗伯特开车外出，准备从大卫的银行账号里取钱，失败后他们只能返回雪镇。这时，大卫已经死了，是邦廷用皮带勒死了他。当罗伯特得知大卫已死的消息后有些生气，他也想参与杀死大卫的过程。这下，罗伯特就只能与邦廷一起肢解大卫的尸体。

这起连环谋杀案一经公开，立刻在澳大利亚引起了巨大轰动。邦廷等人不仅在杀人数量上令人震惊，他们以折磨被害人为乐的残忍作案方式也令人难以接受。在邦廷等人接受审判的时候，陪审团连续有 3 名成员因忍受不了证据所带来的恐惧、压抑而主动退出陪审团。大部分被害人在死前都遭受了惨无人道的虐待，有些被害人留下了录音，陪审团在听被害人死前的喊叫声时产生了强烈的不适感，有些陪审团成员不得不去看心理医生。

最终邦廷因 11 项谋杀罪被判处终身监禁，不得保释；罗伯特因 10 项谋杀罪被判处终身监禁，不得保释；詹姆士因 4 项谋杀罪被判处 26 年监禁，在他的协助下警方找到了大量的证据；马克因 3 项谋杀罪被判处 25 年监禁，18 年内不得申请保释。

邦廷为什么如此痛恨同性恋和恋童癖，并专找这类人下手呢？这或许与他 8 岁时的一段经历有关。他 8 岁时曾被朋友的哥哥殴打和性侵，从那以后邦廷就开始痛恨同性恋和恋童癖。成年之后，邦廷对同性恋和恋童癖的厌恶与日俱增。

邦廷很早就表现出了反社会倾向。青少年时期，邦廷迷恋上了武器，对武器产生了强烈的兴趣。22岁时，邦廷在一家居宰场工作，他很喜欢这份工作，尤其是宰杀动物的感觉让他觉得是一种享受。

1991年，邦廷在南澳阿德莱德北部地区租了一栋房子。邦廷所居住社区的房价低廉，聚集了大量社会底层人士，正是在这里邦廷认识了罗伯特和詹姆士。

不久之后，邦廷就开始收集同性恋和恋童癖的姓名和资料，并全部记载在墙壁上，他认为这些人都应该被处死。有时，邦廷会匿名给这些人打电话，在电话里叫嚣："你终有一天会受到惩罚。"后来，邦廷将这种恐怖的想法变成了现实。

雪镇在当地只是一个十分普通的小镇，自从邦廷等人所犯下的罪行被公之于世后，雪镇一下子从无名小镇变身为旅游热门，大批对连环杀手感兴趣的人纷纷来到雪镇的废弃银行旅游。有些人只是在废弃银行前合影留念，有些人则一直逗留在银行门外，似乎想要了解邦廷等人的心理世界。

【上帝情结】

在这起连环谋杀案中，邦廷显然是主要的罪犯，他负责寻找合适的目标，并策划整个谋杀行动。邦廷所找的目标大都是同性恋和恋童癖，这与他幼年时遭受的性侵与殴打密切相关，但这并不是他的主要作案动机，他只是非常享受杀人和对被害人进行长时间的折磨，例如他在谈到第七名被害人特洛伊时，表示自己很享受折磨特洛伊的过程，他可以将特洛伊折磨一整天。在折磨特洛伊的时候，邦廷还目不转睛地盯着特洛伊的眼睛，他在享受特洛伊的恐惧和痛苦。邦廷尤其喜欢在杀死被害人的时候，盯着对方的眼睛，直到对方死去。

有些连环杀手有一种上帝情结，特别享受支配被害人的感觉，他们会慢慢地享受杀戮的过程，这让他们觉得自己有能力决定被害人的一切，包括生死。一名连环杀手在接受采访的时候表示："有什么权力比得上掌握生杀大权？"被邦廷等人杀死的被害人会被强迫称他们为"上帝""大师"和"主人"。

第十名被害人伊丽莎白曾向邦廷等人求饶，并表示自己可以为他们提供性服务。但伊丽莎白不知道，对邦廷等人来说，折磨她和杀死她所带来的兴奋感要远远高于性快感。他们这么做并非是为了性，只是觉得自己有能力控制无助的被害人，并通过给被害人施加痛苦或死亡威胁来使被害人变成他们想要的样子，例如求饶、称他们为"上帝"或者交出银行账号和密码，这让他们觉得满足，好像自己完全掌控了被害人。在法庭上，詹姆士提到，当邦廷与罗伯特杀死巴里后表现得很兴奋，就像年幼的孩子得到他们心爱的玩具一样。

邦廷特别擅长给自己找杀人的理由，例如第六名被害人加文是个瘾君子，他觉得加文活着就是一种资源浪费，像他这样的废物根本不应该继续活在世上。有些连环杀手会觉得自己的杀人行为具有正当性，自己好像在进行某种正义之战，在消灭社会上的一些废物，例如邦廷认为同性恋和恋童癖都该死，有的连环杀手则致力于消灭世界上的妓女。这种连环杀手更容易虐待被害人，他们喜欢看到别人受苦，所以在杀死被害人之前都会折磨对方。

此种类型的连环杀手通常都十分重视过程，结果远远没有过程重要，因此他们会折磨被害人，这样才能让杀人的过程得以延长。他们在杀死被害人的时候特别喜欢用手来操作，而不是借助刀、枪之类的武器，他们会用双手紧紧地扼住被害人的脖子，感受着被害人的生命在自己的双手下一点点流逝。

邦廷等人显然具有十分严重的反社会倾向，但他们精神上却没有疾病。也就是说他们的精神状态并未脱离现实世界，他们对社会规范和准则十分了解，深知自己所犯下的罪行已经严重触犯了法律，例如邦廷和罗伯特在得知警方已经开始调查他们后，就匆匆将一些被害人的尸体搬到雪镇藏匿起来。

邦廷等人虽然知道自己的行为触犯了法律，但并未收手，在他们看来法律完全不用理会，他们只生活在自己的规范和准则之中。邦廷就将自己视作法律，他对被害人执行了"死刑"。

Criminal Psychology

藏匿在盆栽中的尸体——

布鲁斯·麦克阿瑟

从 2008 年起，加拿大的多伦多就陆续出现男子失踪案，人们开始怀疑多伦多出现了一名连环杀手，专找男子下手。警方在调查时发现，这些失踪男性都在一家同性网站上注册了会员。经过 10 年的追查，警方终于查到了一个名叫布鲁斯·麦克阿瑟的老人身上，并派警察暗中监视他，只要麦克阿瑟单独与人在一起，就可以立刻将其逮捕。

2018 年 1 月 18 日上午，监视麦克阿瑟的警察发现他带着一位年轻男子走进了他位于索恩克利夫公园一带的公寓。负责监视麦克阿瑟的警察立刻觉得这名年轻男子凶多吉少，于是马上向上级申请逮捕令。当警察破门而入的时候，年轻男子已经被麦克阿瑟绑在床上，差点就要被杀害。

随后，警方申请到搜查令，开始搜查麦克阿瑟的住处。警方在麦克阿瑟的盆栽里发现了许多不完整的人体碎块，那剩下的尸块呢？考虑到麦克阿瑟是园林设计师，警方怀疑麦克阿瑟将部分尸块藏匿在了客户们的盆栽中，于是警方开始寻找麦克阿瑟的客户。

罗恩·史密斯和凯伦·弗雷泽这对情侣就居住在马洛里新月街，曾请麦克阿瑟设计他们后院的花圃。弗雷泽在这里已经居住了 32 年，她所住房子后面有一大片山谷，景色十分迷人，常常有野鹿等动物出没。在十多年前，弗雷泽通过男友史密斯的妹妹认识了麦克阿瑟。当时麦克阿瑟表示想找个地方搁置园艺工具，弗雷泽表示她的车库有很大的地方，如果麦克阿瑟能帮她锄草，他就可以免费使用车库。后来，麦克阿瑟开始帮助弗雷泽做越来越多的园艺工作，经常会搬来 1 米高的大型盆栽。

警方带着警犬来到弗雷泽家中,并告诉她和史密斯,他们有 20 分钟的时间来打包贵重物品,然后就得马上离开这栋房子,因为警方要在这里进行调查。后来警犬在后院的花圃上狂叫不已。警方从花圃中挖出了 3 具尸骸。

由于被害人的尸体被损坏得面部全非,警方只能通过 DNA 来确认他们的身份。最终警方确认了 7 名被害人的身份,他们都是近 10 年的失踪者。被害人都有一个共同的特点,即同性恋,而且都是中年人,大部分在 40 岁以上。其中大部分被害人是南亚人或中东人。

当麦克阿瑟是个连环杀手的消息被公开后,凡是认识他的人纷纷表示根本不敢相信。麦克阿瑟的妹妹桑迪·伯顿说:"他是一个好哥哥、好父亲、好朋友,他十分乐于帮助他人,他不会去杀人的。"曾在伊顿购物中心与麦克阿瑟共事过的约翰·福特在得知这个消息后说:"布鲁斯看起来就是一个普通人,他脾气很好,总是面带微笑。"麦克阿瑟还经常到郊区的商场里扮演圣诞老人,哄孩子们开心,这样的人谁也想不到他是个连环杀手。其实,麦克阿瑟在警察局里留下了许多犯罪记录。

麦克阿瑟的母亲艾莱·麦克阿瑟在1978年去世。3年后，麦克阿瑟的父亲马尔科姆·麦克阿瑟也去世了。在成为一名园林设计师之前，麦克阿瑟曾在伊顿购物中心做过一段时间的采购。在同事们的眼中，麦克阿瑟从来没有发过脾气，总是面带微笑。

1981年，麦克阿瑟的妻子珍妮丝为他生下了一个女儿，取名为梅拉尼。1986年，珍妮丝为麦克阿瑟生下了一个儿子，取名为托德。托德在2014年被判入狱14个月，因为他在电话里骚扰女性。托德的辩护律师曾解释说，托德是个无法控制自己行为的人，他患上了一种名为"猥亵电话癖"的心理疾病。

当麦克阿瑟与妻子珍妮丝离婚后，就开始混迹于一个叫韦尔兹利的同性恋社区，还注册了恋父癖的网站，到处寻找可以百分百顺从他的同性恋，这些人可以配合他玩一些危险的性爱游戏。

2002年，麦克阿瑟因用一根铁棍袭击一名男性卖淫者被警方逮捕。这一次麦克阿瑟被判处了两年缓刑，并被禁止接触同性恋社区。

在2010年，多伦多同性恋区男子的陆续失踪开始引起人们的重视。其中一名失踪者40岁的斯堪达拉·纳华坦最先被媒体报道。后来南亚艾滋病预防联盟的执行董事哈兰·维加雅纳坦为了让多伦多的警方重视这些同性恋失踪的案件，还专门给警方写了信。

当麦克阿瑟被捕后，这起在多伦多史无前例的连环杀手案立即被媒体报道。社会各界都在谴责警方，认为这么多年警方的破案工作都没有进展，警方如果能尽早将凶手抓捕归案，就不会有那么多人被害了。但警察总长马克·桑德斯表示，他们本来是可以早点抓住麦克阿瑟的，警方也知道有同性恋频繁失踪，但没有人向警方提供有用的线索，所以警方的调查工作进行得十分缓慢。桑德斯的这番话立刻遭到了猛烈的抨击。

加拿大多伦多警察局负责调查此案的汉克·伊德辛加在新闻发布会上表示，警方怀疑麦克阿瑟利用工作之便，将尸体藏匿在花园的地下或花坛底部，所以希望凡是请麦克阿瑟设计过花园的人都能尽快与警方取得联系。

警方通过进一步调查发现，麦克阿瑟曾在多伦多市的同性恋社区逗留过一段时间，于是就怀疑麦克阿瑟的作案对象全是同性恋男子。不过后来警方推翻了这一推测，因为警方发现有的被害人与同性恋社区无关，这说明麦克阿瑟没有固定的杀人目标。这下，警方就不得不扩大调查规模，从原先的同性恋社区扩大到整个多伦多市。案件调查规模的扩大，让警方觉得筋疲力尽。关键的是麦克阿瑟所犯案件的时间跨度也很大。

在麦克阿瑟被捕后，有犯罪心理学家在得知麦克阿瑟是个 60 多岁的老人后表示，连环杀手通常不会在晚年才开始杀戮。这意味着，麦克阿瑟从年轻时就开始作案了，他只是在晚年时被捕了，警方的调查工作又将进一步扩大。例如在 20 世纪 70 年代曾出现过一起命案，多伦多一个名叫威廉·罗宾森的男子在家中被人杀害，这起案件还是一桩悬案。

【罪犯的核心人格】

犯罪专家为什么会认为麦克阿瑟从年轻的时候就开始作案了呢？为什么连环杀手通常不会在晚年才开始杀戮？这与罪犯的核心人格有密切联系。人格与一个人的整体价值观和态度密切相关，在漫长的一生中具有稳定性，虽然可能会稍微改变，但核心部分却是定型的。常言道："江山易改，本性难移。"当一个人想要改变自己的核心人格时，就会发现这是一件相当困难，甚至不可能完成的事情。

罪犯的核心人格也是如此，他的人格的形成受到生物（遗传）、文化、环境、个人经验等诸多因素的影响，是经年累月才形成的，因此不可能在短时间内发生彻底的改变。不管麦克阿瑟在人们面前如何和善，他的邪恶人格早已形成，不可能突然变成一个嗜血恶魔，也不可能在晚年突然成为一个连环杀手。

Criminal Psychology

被迫成为业余侦探的妓女——

长岛杀手

2010年年底，当人们都在庆祝圣诞节的时候，长岛警方在萨克福郡海洋公园大道的灌木丛中发现了4具尸体。警方怀疑这4名被害人是被同一个人杀害的，因为尸体的处理方式如出一辙：死者被勒死后装进麻袋，并在位于公路干道附近的灌木丛中弃尸。这是一次意外发现，长岛警方当时只是在搜寻失踪人员。由于天气原因，警方无法继续搜寻，只能将搜寻工作推迟到第二年。

2011年1月，警方在公众的帮助下终于确认了4具尸体的身份。她们的年龄在20岁到30岁之间，生前都是性工作者，从网上寻找嫖客。其中一名被害人名叫安波林恩·科斯特洛，在2010年9月2日晚上失踪。

科斯特洛在2010年6月前来到纽约，之前她在佛罗里达州当服务员，有时也会在网上做应召女郎。由于在当地负债累累，科斯特洛才来纽约投奔姐姐。

科斯特洛在纽约和戴夫·沙勒住在一起。根据沙勒的回忆，在科斯特洛失踪的当天晚上，她接到了一个陌生电话。沙勒猜测打电话的应该是嫖客，他听到科斯特洛在和对方讨价还价，并最终敲定了价格。沙勒说，对方打了三四次电话，最后一个电话打来的时间应该是晚上十点半左右。科斯特洛在接了电话后，穿了一件粉红色连帽衫和牛仔裤就出门了。从那以后，科斯特洛再也没有回来。沙勒曾联系到科斯特洛的姐姐，告诉她科斯特洛失踪了好几天，但她似乎毫不在意，直到科斯特洛的尸体被警方发现。

沙勒认为，科斯特洛虽然身材娇小，却是个胆子很大的女人，她从来不担心自己会发生意外，她认为自己坚不可摧。

2011年3月底，岛上的积雪渐渐融化，警方随后展开了进一步的搜查工作。半个月不到，警方就在萨克福和纳苏两地接连发现了6具尸体。这6具尸体与之前首次发现的4具尸体不同，被害人的尸体被凶手肢解了，被害人的死亡时间也更早。凶手这么做似乎是为了隐藏被害人的身份，例如有的被害人身上有文身，凶手就剥去了文身。

被发现的尸体数量越来越多，萨克福警方为了尽快破案，就将悬赏金额从5000美元提高到了25000美元，这在当地是有史以来的最高悬赏金额。警方也因此接到了公众发来的数千条信息。

许多犯罪学专家也十分关注这10起命案，大多数专家认为尽管不能排除同一凶手作案的可能，但这10起命案至少是两名凶手所为。FBI犯罪心理画像专家詹姆斯·克莱门特尽管已经退休，仍然十分重视这10起命案，并对凶手进行了心理画像。

凶手的抛尸地点比较固定，这说明他对长岛琼斯海滩，尤其是海洋公园大道一带的环境相当熟悉，他很可能是长岛本地居民，凶手为25岁至45岁的白人男性，有良好的教育背景，口齿清晰，已婚或有伴侣，收入稳定，使用高档车。

调查人员根据对案发现场的分析发现，尸体发现地有许多毒葛，凶手很可能被刮伤感染过，应该去医院接受过治疗。此外，前4名被害人都是在夏季失踪的，失踪的时间分别是2007年、2009年和2010年的夏季。显然，凶手在夏季这段时间内很自由，他可以与家人分开并能单独行动。

警方发现了凶手的一个标志性符号，即麻袋，他将被害人的尸体装进麻袋。在当地，麻袋这种东西并不常见。相比较而言，塑料袋更常见，不会轻易被警方追踪到。警方猜测，凶手是在故意使用麻袋，他或许有一种犯罪情结。

不少连环杀手都有属于自己的标志性符号，例如华盛顿州的加里·里奇韦通常选择在绿河沿岸的浅处掩埋尸体；BTK杀手丹尼斯·雷德在作案时遵照捆绑、折磨、杀戮的固定程序。

由于被害人所从事的职业见不得光且违反法律，所以给警方的调查工作带来了不少困难。被害人在网上寻找嫖客时，通常不会使用真实姓名，例如科斯特洛所使用的名字就是卡罗莱娜，她们担心使用真名会给自己带来麻烦。与被害人相识的人大多也生活在社会边缘，她们的家人通常不会主动报警。

警方从科斯特洛的邻居、63岁的退休叉车司机帕敏特里那里了解到，科斯特洛的私生活十分混乱，经常看到警察出入她的住所，她经常和许多人一起嗑药，帕敏特里总会听到科斯特洛的住所发出尖叫声和吼叫声。2010年7月的一天晚上10点，一名男子赤裸着身体从科斯特洛的住所跑出来，并跑到帕敏特里门前求救，他说有人要杀他。

警方也曾怀疑过是嫖客的报复行为。2010年7月11日，一名嫖客在一个性论坛上抱怨过一段糟糕的嫖妓经历，他在与一个名叫卡罗莱娜的应召女郎进行交易的时候，突然遭到了几名男子的抢劫。这个人在论坛上发表愤怒的帖子后的第8个星期，科斯特洛就失踪了。

在科斯特洛失踪前，一名自称是"意大利骑士"的嫖客曾要过卡罗莱娜的地址，说会找人收拾她。两天后，"意大利骑士"声称，这个应召女郎消失了，再也不会有人听到她的消息了。警方认为，这名应召女郎就是被害人科斯特洛。

2011年1月24日，苏福克县警方公布了被害人的身份。一时间，那个网站论坛上的人都在谈论应召女郎被害案。那名曾经发帖的人表示，他虽然因为被应召女郎欺骗愤怒不已，但并不想杀死她。

警方从被害人家属那里了解到，凶手曾主动与他们取得联系。2009 年七八月份，莫丽莎·巴特勒米的家人曾接到过一个陌生男人的电话，对方先是恶狠狠地指责莫丽莎是个放荡的妓女，然后说自己在与莫丽莎发生性关系后杀死了她。当时莫丽莎已经失踪了。

凶手具有一定的反侦查意识，他在与被害人家属联系的时候，会将通话时间严格控制在 3 分钟内，这样警方就无法追查到信号的具体来源。为此，有些媒体猜测凶手很有可能是一名警察，对刑事侦查技术非常熟悉。

长岛海滩连环命案的消息一经公布，立刻让纽约的妓女们恐惧不已，她们担心自己会像那些被害人一样被杀死，在卖淫的时候更加小心翼翼，犹如惊弓之鸟。

卖淫业的老板则利用这个机会加强对妓女们的控制，老鸨会警告妓女不要单独出去寻找嫖客，那些被杀死的妓女都是拉私活的时候丧命，因为她们没有将自己的去向告诉别人，就算失踪了也没人知道。

一位父亲则希望自己 23 岁的女儿能因此走上正轨，希望她能因恐惧放弃卖淫，回去上学。他对女儿说，不希望她落得丧命的下场。

不少妓女开始重新考虑自己的职业，妓女们也开始变得更加谨慎，简直成了业余侦探。警方因此得到了许多妓女提供的线索。

前 FBI 特工玛丽·奥图尔认为，杀手嫖客并非嫖一个杀一个，有的妓女虽然曾为杀手嫖客提供过性服务，但并未丧命。有的妓女很聪明、谨慎，十分懂得保护自己的人身安全。例如在对待街头嫖客时，她不允许嫖客将自己带到距离见面地点 3 个街区以外的地方；当她上了嫖客的车后，会将车牌号发给同伙或老鸨。在面对旅馆嫖客时，她会要求嫖客提供个人信息，而且要求嫖客说出自己曾经嫖过的妓女，并让那个妓女当介绍人。

后来，美国联邦调查局也介入长岛连环杀人案的调查中，并派出配有高科技监视设备的飞机来协助案件调查。这些飞机被用来搜寻更多的被害人，对长岛以南长约 24 千米的海洋公园大道进行了搜寻。此外，志愿者和更多的警察也加入了搜寻队伍中。但这起长岛连环杀人案仍然成了一桩悬案。

【被忽视的妓女】

这不是长岛发生的第一起连环杀人案，不少当地居民都回想起了 20 世纪 90 年代初长岛出现的两名连环杀手——乔·里夫金和罗伯特·舒尔曼。里夫金是一名绿化工，在 1989 年至 1993 年间杀死了 17 名妓女，最终被判处 203 年监禁。舒尔曼是一名邮递员，在 1991 年至 1996 年间杀死了 5 名妓女，并将她们的尸体肢解。

为什么长岛会接二连三出现连环杀人案呢？难道只是偶然的地理分布吗？新泽西州杜尔大学的社会学研究者斯科特·伯恩认为，长岛之所以会容易出现连环杀人案，是因为该地区人口密度较大，纳苏郡和萨克福郡共有 280 万居民，便于连环杀手选择目标。与人口稀少的偏远地区相比，人口密集区域更容易为连环杀手提供猎物，所发生的罪案数量也会更多。

20 世纪 90 年代后，美国加强了执法力度，连环杀手的整体数量因此降低，但妓女成为被害对象的比例却从 34% 上升到了 89%。在洛杉矶南区和长岛所发生的连环杀人案中，被害对象基本上都是妓女。

对于连环杀手为什么会选择妓女，绿河杀手里奇韦和里夫金做出了回答。里奇韦在受审的时候说，他会选择妓女下手，是因为妓女的失踪和死亡不容易被发现，没有人会因为一个妓女的失踪而去报案，这样一来他想杀多少人都行，不用担心被抓到。里夫金在接受司法心理学家贝里尔的探视时说，当被害人是一名妓女时，这起命案通常不会被重视，最后的结果就是不了了之。

纽约警察局凶杀组前任指挥官弗农·贾伯斯将长岛连环杀人案的原因归结于流行文化的影响，他觉得媒体对连环杀手的大肆报道，让连环杀手拥有了明星般的光环，一些人会因此效仿连环杀手。例如连环杀手里夫金就十分崇拜绿河杀手里奇韦，他在阅读了和里奇韦相关的报道后，就对连环杀手充满了兴趣。起初里夫金只是寻找一些和连环杀手相关的新闻来阅读，渐渐地他开始不满足于阅读，他想成为像里奇韦一样的连环杀手。这是一种十分可怕、变态的想法，当他再也压抑不住这种想法时，他就会开始杀人。

凶手在杀人后通常会避免过多地与外界环境接触，更别说主动与被害人家属联系了。但长岛杀手却与众不同，他曾7次用被害人的手机与其家属联系通话。虽然整个通话过程十分短暂，但家属还是能感觉到凶手所表露出的嘲讽和优越感。显然，长岛杀手的作案动机并非为了报复或者泄愤，只是为了从他人的痛苦中寻找快乐。